不是你做不到，而是你想太多！

啟動無意識的力量，發現更厲害的自己

「気にしすぎてうまくいかない」
がなくなる本

日本知名心理諮商師、暢銷作家
大嶋信賴 著

賴郁婷 譯

前言

「你想太多了啦！」

各位是否經常聽到身邊的人這麼對你說呢？

「在意周遭人的眼光。」

「和陌生人講話時，會緊張到連話都說不好。」

「顧慮太多，導致無法付諸行動。」

「覺得自己一定做不好，沒有自信。」

以上各種現象，全都是因為「想太多」。

所謂想太多，指的是意識過度作用的狀態。

人的意識作用愈強，愈會對各種事物感到擔心或憤怒，造成大腦愈來愈緊張，意識開始失控。到最後，意識便將大腦想像的不幸，全部變成事實……

這就是「想太多，什麼都做不好」的原因。

在這本書裡，我將透過淺顯易懂的方式，說明意識和無意識的差別，並傳授各位在面對人際關係和工作，以及日常中的所有情況時，該如何驅使無意識發揮作用。希望像我一樣「想太多的人」，都能靠著無意識的作用，讓自己過得更輕鬆一點。

我也希望各位能體驗到，無意識可以巧妙地為我們排解許多身邊經常發生的「不如意」。

接下來，在進入主題之前，我想先透過自己的親身經驗，和各位簡單地聊一聊，「無意識的世界」究竟指的是什麼。

學生時代，有一次我因為擔心快要考試了，書可能念不完，緊張到整整一個星期都睡不著覺。

在考試的前一晚，我告訴自己：「一定要再念完一本書，把內容全部記下來才行。」於是便在學校圖書館窩了一整晚，不停地拚命準備。

當時我十分後悔，心想：「早知道就早點開始準備。」不過，由於考試科目實在太多了，範圍又大，怎樣都念不完。不管我怎麼拚命，也於事無補。

我一邊抵抗著睡意，一邊念書，根本很難專心。所以我很擔心，萬一隔天考試的時候，什麼也記不起來，該怎麼辦？

由於只要一坐下來，睡魔就會一步步逼進。為了不讓自己睡著，我索性站著念書。不過就算是站著，還是敵不過睡意，最後我實在抵擋不住，告訴自己：「瞇一下就好，反正站著睡應該不會睡太熟。」就這樣閉上了眼睛。

不知不覺間，我進入了夢中的世界，開始念起書來。

夢裡的我，精準地分析著書中主角的想法和心理狀態。

非但如此，明明我還沒把書念完，可是在夢裡，竟然對全部的內容瞭若指掌，甚至把可能會考的內容也都一一背下來了。

「簡直跟做夢一樣！」連夢裡的我都這麼覺得，實在很有趣。

突然間，我睜開眼睛一看，已經是早上了！我發現自己睡過頭，嚇得趕緊把剩下還沒念完的部分，一股腦兒地拚命往大腦裡塞。就在這個時候！

「咦？這不就是我在夢裡讀到的內容嗎？」

沒想到書裡的內容，完全跟我在夢裡念過的一模一樣。

「這是什麼鬼啊！」我的大腦竟然在不自覺間，記住了之前完全沒有看過的內容。我迅速掃過整本書，還是不敢相信這一切，懷疑自己該不會還在做夢吧？

念完書後，我稍微放心了，便回到床上，打算在應考前，先睡一個小時。

這時候，我再度進入夢中。這一次，夢裡的我一邊在念書，一邊分析著考試的重點內容。

正當夢裡的我終於搞懂之後，突然間，一陣刺耳的鬧鐘聲傳來……。我嚇得從床上跳起來，急忙出門往考場衝去。後來，到了考試時間，我翻開考卷一看……

「咦？這不就是我在夢裡看到的題目嗎？」

我嚇了一大跳。

考卷上的內容，竟然從頭到尾都和夢裡的題目完全一模一樣。

「這實在太神奇了！我從來沒遇過這種事！」

這就是我過去經歷過的不可思議的體驗。

那一次考試，我拿到了A，高興得都快飛上天了。我幾乎沒念什麼書，光憑做夢，就得到了A。

嚐到甜頭的我，食髓知味地買了好幾本有關「睡眠學習」的書和光碟，試圖再重現一次「那種體驗」。

我相信既然成功過一次，應該可以再辦到。

然而，當我再度踏上考場，卻什麼都不記得。我充滿了焦急的心情，最後只拿到了C。

考出這種不該出現的分數，讓我懊惱不已。從那次之後，我再也不相信什麼睡眠學習法了！

後來，我漸漸淡忘了那次經驗。不過，當我開始學習催眠治療（hypnotherapy）、接觸到「無意識」之後，又經歷了奇妙的體驗。

某天的夢裡，我正在跟客戶進行心理諮商。我不小心踩到客戶心中的地雷，激怒了對方。

「糟糕，我說錯話了！」我急忙地想控制情況，但對方顯然已經怒不可遏，整個人氣到失去理智。

隔天早上醒來，我還感受得到夢裡遭遇的挫敗。

接著，到了公司，就在我真的面對客戶時……

「咦？這不就是我昨晚夢到的過程嗎？」

沒想到，我竟然對客戶說著前一晚在夢裡說過的話。

我和客戶之間的對話，就這樣完全依照夢境發生了。最後，終於來到關鍵的那一刻。

我心想：「昨晚我在夢裡選擇A，結果惹怒了客戶。既然這樣，這一次我就選擇B！」結果我選對了。

我巧妙地避開了客戶心中的地雷，順利結束諮商。

當下，我心中有些激動，因為這種情況，就和當年學生時期的「夢境學習」，完全一模一樣！

那是一種沒有人能瞭解，也無法分享的興奮。

只不過，我在興奮的同時，並不懂為什麼自己現在又能辦到了。

「以前拚命想學會，卻辦不到，為什麼現在又在夢中重現了呢？」

我拿這個問題去請教當時教我催眠治療的老師。聽完之後，他以理所當然的口氣告訴我：「這是因為意識的能力有限，但無意識卻是沒有極限的。」

他的這一句「無意識沒有極限」，讓我不禁產生興趣，很想瞭解：「無意識指的究竟是什麼？」於是一步步踏入無意識的世界。

當我對無意識瞭解得愈透澈，也就從過去的痛苦中獲得解脫。漸漸地，我的生活中不再出現「怎麼也做不好」的情況。這時候，我才實際體會當初老師那句「無意識沒有極限」的意思。

本書的內容，或許和過去心理學上的定義及科學根據，有很大的差異。不過，這是因為所謂的無意識，正是跳脫所謂「常識」的意識性框架來思考或是付諸行動。

在閱讀本書的過程中，各位的意識肯定會有所抗拒，拒絕讓你走進無意識的世界。但是，在這些意識性的抗拒背後，其實隱藏著一個自由而豐富的真實世界。

接下來我想帶領各位，一起去探尋那個意識拚命想隱藏的真實寶物。我衷心期盼可以透過這本書，讓更多人瞭解無意識的美好世界。

目次

CH2 「無意識」究竟是什麼？

CH3 運用「無意識」，改善人際關係

CH4 借助「無意識」的力量，讓痛苦的工作變成快樂的事

CH1

痛苦、諸事不順，似乎全來自於「意識」

1 從意識到的那一刻起，一切就注定失敗！

「意識」是個麻煩的東西？

和他人聊天時，如果什麼都不想、毫無顧慮，聊起天來就會覺得很開心。不過，一旦想到「萬一聊不下去該怎麼辦？」時，說話就會變得結結巴巴，不知道該怎麼接下去，導致對話中斷。

這時候，尷尬的沉默會讓人感到焦躁，急著想趕快找話題接下去。但心裡愈是焦急，就愈講不出話來，不知該如何是好。

或者，像是在幫忙洗碗時，原本開心地洗著手上漂亮的碗盤，突然想到：

「這應該很貴吧？萬一打破就糟了。」才這麼一想，碗盤就從手中滑落而摔破了。明明前一秒還洗得很開心，卻突然變成這樣！這到底是為什麼呢？

各位也有過前述這些經驗嗎？

「意識」真的是個麻煩的東西。

小時候，有一次我坐在父親的車子上，突然想到：「人為什麼會呼吸？」想著想著，就愈來愈覺得呼吸不過來，痛苦極了。

「我喘不過氣來！」我向父母求救，他們卻只是告訴我：「那是因為你一直想著呼吸的關係吧！」

因為一直想著呼吸，才會呼吸不順。可是我就是不知道該怎麼別去想它啊！我拚命努力地想呼吸，卻不斷陷在喘不過氣來的痛苦當中。最後，我就這樣昏厥過去。

意識的惡性循環會引發恐慌

前面說的這些情況，究竟是怎麼一回事呢？

聊天時，如果什麼都不想，就可以聊得很開心。但只要一意識到「聊天」這回事，就會緊張到說不出話來。

因為大腦在這時候會開始胡思亂想，例如：「萬一讓對方覺得聊得不開心，該怎麼辦？」「萬一被對方討厭，該怎麼辦？」等，讓人緊張到腦袋一片空白，完全說不出話來。甚至開始感到焦急，擔心著：「我這樣下去一定會被討厭的！」

這種焦急的心情愈強烈，愈會激發意識的作用，產生「會被討厭」、「會被冷眼相待」等緊張的心情，於是就陷入愈緊張、愈無法好好說話的惡性循環當中。

洗碗盤的例子也是，「意識」會告訴自己：「要小心別打破昂貴的碗盤。」就在你意識到這一點的瞬間，大腦的想法會立刻從「洗碗是件開心的事」，切換到「萬一打破就糟了」。

就這樣，當意識開始作用，身體自然會緊張起來，導致力量用錯地方，手一滑，就將碗盤打破了。

要說更有趣的例子，應該就是呼吸了吧。

只要沒有意識到，人都可以自然地呼吸。

就算沒有意識到，人也會藉著呼吸而吸入身體必需的氧氣，並吐出二氧化碳。

假使運動時需要更多氧氣，呼吸也會自然加快吸入氧氣、吐出二氧化碳的循環。

不過，一旦你意識到這種身體自然運作的機制，開始思考「呼吸是怎麼進行的？」的時候，人就會變得喘不過氣來。這是因為「意識」讓人產生了多餘的顧慮，擔心「萬一沒辦法好好呼吸，該怎麼辦？」的緣故。

一旦喘不氣來，自然會感到恐慌，不知該如何是好。

不停吹哨子的意識裁判

「意識」會去判斷「順利或不順利」。判斷「對或錯」、「善或惡」的，也是意識。這就好像心裡有一個裁判，突然「嗶！」地一聲吹響哨子，告訴自己：「那樣不對！」使得原本開心的比賽被迫中止。

我認為，**所謂「意識發揮作用」，簡單來說就是意識不停地對自己吹響警告的哨音，例如：「那樣犯規！」「那樣做也不對！」等，導致「人變得無法想到什麼就做什麼」**。

例如，和他人聊天時，如果意識不停地吹響哨子，警告自己：「我這麼說會惹人厭！」「我是個句點王」等，自然什麼話都愈來愈說不出口。

一旦意識到了，人就很難從中擺脫。因為當人被意識裁判吹哨子之後，就更會覺得自己一定要做好才行。

而且，這種「一定要做好才行」的意識背後，一定存在著「根本什麼都沒做好！」等出自意識的批判。

一旦你因為這個「根本什麼都沒做好！」的批判而感到緊張，將會激發意識繼續挑自己的毛病，導致最後「根本什麼都沒做好！」變成事實。

這就是為什麼「意識」是個麻煩東西的原因。

意識裁判吹響警告的哨音！

2 被意識的誤會耍得團團轉的人

自我意識過剩的學生時代

我在思考「想太多的人」都是什麼樣的人時，第一個想到的是「自我意識過剩」的說法。

這裡的「意識」，指的是過度在意「別人怎麼看我」的意思。

舉例來說，我在求學階段，每天在上學的電車上，都會看到一個跟我搭同一班車的女孩子。

我漸漸注意到那個女孩子，總是在想：「不知道她是怎麼看我的？」

有一天，我和往常一樣想著：「不知道她會不會覺得我很帥？」不經意地朝她偷瞄了一眼。沒想到，這時她突然低下頭去，不知道跟身旁的朋友說了什麼。

這讓我開始感到不安，擔心著：「她該不會覺得我偷看她，『很變態』吧？」一想到這裡，我突然感到難過，覺得自己其貌不揚，竟然還敢迷戀地盯著人家看。說不定她因為這樣而覺得很不舒服。

於是，我不敢再看她，愈來愈擔心自己會被討厭。

那天晚上，我擔心到整晚睡不著覺，不曉得她會不會隔天就不搭車了。

到了隔天早上，雖然我很怕再跟她搭到同一班車，不過一到她平時上車的車站，我還是抱著期待的心情，不斷朝月臺上確認她的身影。因為我實在很想知道，自己是不是被討厭了？

「啊！她在那裡！」看到她的身影，我放心了。不過同時，我又開始想到：「說不定她根本就沒把我放在眼裡！」這讓我又擔心了起來。

「我以為她應該有注意到我，該不會根本沒把我當一回事吧？」

一想到這裡，我就更傷心了，整個人完全陷入沮喪當中。

「恆定性」會讓人對負面意識投以正面意識

根據我過去的例子來看，可以描繪出「想太多的人」具備的幾項特徵。

看到那個女孩子的反應之後，我就產生了「自己其貌不揚又膽小，女生根本不會放在眼裡」的想法。

另一方面，即便自己是個平凡又膽小等「缺乏自信」的人，我還是心存妄想，認為「說不定女生只要看到我，就會喜歡上我」。

這就是人有趣的地方。**人的身體具備「恆定性」（恢復平衡狀態）的作用。**例如，就算自己再生氣，只要時間一過，心情還是會恢復平靜，覺得「算了」。也就是說，恢復力會發揮作用，使一切回到平衡的狀態。

因此，面對「缺乏自信」的負面想法，存在體內的恆定性會產生一個完全相反的自我形象——「我要是認真起來，也是很受歡迎的！」試圖讓自己的想法回歸到平衡的狀態。

我之所以認為「說不定只要每天見面，對方就會喜歡上我」，而開始注意對方的眼光，也是因為恆定性的作用。

一旦覺得「說不定對方喜歡我」，意識卻又會發揮作用，在心裡不斷挑自己的毛病，例如：「萬一我被討厭了，該怎麼辦？」「萬一她覺得我其貌不揚，不把我當一回事，該怎麼辦？」等。

又不是在演偶像劇，也不可能會有什麼「一見鍾情」發生。而且明明覺得自己「其貌不揚」，也不努力改變髮型或服裝，卻還妄想「說不定對方會喜歡我」。這實在太奇怪了。

之所以妄想自己的外貌和眼光會影響到對方的心情，部分原因是「大家都討厭我，不把我當一回事」等完全相反的負面思想在作祟。

想太多的人有什麼特徵？

「缺乏人際吸引力」、「不擅長溝通」、「無法與人閒話家常」等，也是同樣的道理。

一個人愈是「缺乏自信」（負面意識），他心中完全相反的正面意識──「自己其實很厲害！」也會愈強烈。

以溝通來說，就會覺得：「自己的言行相當具有影響力！」然而，一旦有這種想法，又會更擔心：「萬一稍微說錯話，惹得對方不高興，把事情搞砸了，該怎麼辦？」接著又產生正面意識……就這樣一步步陷入惡性循環。

不過，請各位簡單地想一想。「缺乏自信的人」，其言行根本不可能對身邊的人帶來多大的影響。既然如此，你就完全沒必要擔心什麼。之所以會愈來愈擔心，全都是因為意識在作祟。

另外，愈是覺得「自己完全沒有信心」的人，有時候也會產生錯覺，以為「自己的能力非常好」，甚至「我對對方的感受瞭若指掌」。

就像我偷瞄那個女孩子時，光憑她低下頭的動作，就以為她討厭我。

事實上，我根本不可能瞭解對方的感受，卻還自以為「瞭解」地認定：「沒錯，她就是討厭我！」而且把它當成事實而相信著。這也是想太多的人的特徵之一。

也就是說，想太多的人基本上都「缺乏自信」，極力想隱藏那些自我意識到不足的部分。然而，愈是想隱藏，就愈膨脹自己對身邊的影響力和能力（指讀心術般的能力），導致愈來愈擔心自己會把事情搞砸。

3 只因為意識到某件事，便做出糟糕的選擇

「知道了」會帶來「最糟糕」的結果？

以前念書時，媽媽經常罵我：「你明明只要肯做就辦得到，為什麼就是不好好念書呢？」

面對她的怒氣，我都會回答：「知道了啦！」這話一說出口，「意識」就會開始發揮作用，最後帶來「最糟糕」的結果。

這時候我的想法是：

「如果我不好好念書，萬一考不好就糟了！」

「我一定又會被爸爸打了。」

「我還會被班上的同學當成笨蛋。」

雖然我知道自己得好好念書，但是一意識到這一點，就會突然覺得指甲太長而剪起指甲，或是覺得書桌太髒而開始清理桌子，始終無法專心念書。

雖然我的意識急著：「得念書才行！」我卻一直東摸西摸地無法開始念書，任憑時間被白白浪費掉。到了考試當天早上，才來後悔：「那時候要是好好念書就好了！」

到最後，成績不及格，不但要接受媽媽的冷嘲熱諷，例如：「你看，我就說吧！誰叫你不好好念書，才會考出這種爛成績。」也逃不掉被爸爸痛打的悲慘下場。

為什麼一旦人意識到「知道了」，事情就無法落實，最後走向最糟糕的結果呢？

事實上，當我說出「知道了」、啟動意識作用的同時，就已經在心裡假設「一定又會被爸爸打」、「事情會往最糟糕的結果發展」。

因此，雖然我明白「不好好念書會考不及格」，但就像前面所說的，人具備恆定性的作用，大腦會試圖取得平衡。所以這時候，人會沒來由地產生與「得念書才行」完全相反、毫無根據的念頭：「就算不念書，也能輕鬆及格」。

而且，**愈覺得「事情會往最糟糕的結果發展」，就愈堅信自己「輕鬆就能及格」；甚至最可怕的是，還會讓人以為「就算不念書也不用擔心」，因此失去幹勁。**

結果變得完全提不起勁！

遲遲無法決定，導致最糟糕的選擇！

最近還發生了以下這種情況。

有一次，某個新推出的汽車用品，吸引了我的注意。

我心想，「這個東西應該很好用，還是早點買比較好，免得之後買不到。」我一這麼想，意識就開始發揮作用，覺得：「說不定可以找到更便宜的。」於是我開始在網路上不斷搜尋便宜的賣家。

雖然我明白，既然自己這麼想要，大家一定也會想要，但我愈是擔心「再不早點下單會買不到」，心裡的顧慮就愈多，包括「會不會買來之後只是浪費錢？」等，遲遲無法下單。

到最後，當我終於決定要買的時候，打開最便宜的賣家網站一看，上面寫著：「售完，不再補貨。」

結果，所有商品都賣完了。我只好改買價錢貴兩倍以上、「簡直是坑人」的不同品牌商品。

我當然後悔地想著「明明當初知道應該早點買的」，卻還是做了最糟糕的選擇……。從這裡也看得出意識讓人棘手的地方。

4 意識其實很可怕？

「出於好意」的提醒，會喚醒意識的作用？

有一次的課堂上，教授跟我們分享了以下的案例。

有個媽媽非常注意孩子喝水的狀況，不時就問孩子：「你渴了吧？」然後拿水給孩子喝。突然有一天，她不再這麼做了。沒想到，後來這個孩子卻因此引發脫水症而死亡，令人出乎意料。

這種可怕的案例，在我從事成癮症治療的工作之後，也曾親眼見證過。

那是一位男性患者，苦惱於酗酒問題。一問之下才知道，每次只要他在家喝酒，他的太太都會出於擔心而出面阻止，限制他喝的分量。

長期下來，男子變得不會自己控制分量，於是酒愈喝愈兇，到最後把身體給喝垮，就這樣去世了。

上述案例中的媽媽和太太，都是「出於好意」，所以提醒孩子喝水，或是控制先生的酒量。不過，對於最後引發脫水症的孩子和出現酗酒問題的男子來說，他們愈是意識到「要喝水」、「酒不要喝太多」，身體就愈來愈沒辦法自行控制攝取適當的水分或酒，導致最後死亡。

這實在是令人震撼的真相。那時候我才切身體會到，原來「提醒」是這麼可怕的一件事！

意識還會剝奪快樂

除此之外，意識還會剝奪快樂的感覺。

例如，一直被爸媽叨唸：「為什麼你不好好念書！」於是變得愈來愈沒辦法專心念書。

愈是被要求念書、被迫意識到「念書」這回事，會使得當事人對於學習的「求知慾」漸漸消失，讓念書變成一件痛苦的事。

曾經有人因為覺得「工作一點都不快樂」而來找我諮商。在這個案例身上，同樣也出現這種情況。

案主表示，公司裡的前輩經常叮嚀她：「要小心檢查，不要犯錯。」但是，只要一被這麼提醒，她心裡就會一直想著「出錯」。

檢查
檢查
檢查
檢查
檢查
會不會出錯啊……

一想到出錯，她又覺得「檢查很麻煩」，於是最後就真的犯錯，受到前輩的斥責。到了下一次，她又被叮嚀：「一定要非常小心地檢查！」一直陷在惡性循環當中。

到最後，她對於達成目標或業績等工作上的成就感，因為被迫「意識」而受到剝奪，漸漸覺得工作一點都不快樂。

也就是說，她因為前輩的不斷提醒，造成工作上的成就感被剝奪，變得感受不到工作的樂趣。

後來，她透過心理諮商的方法，漸漸學會讓自己在心情上不受前輩的影響。從此之後，她從意識中獲得解脫，開始發現工作的樂趣，神情也變得開朗多了。

對彼此的意識，也會導致最壞的結果！

工作不開心、覺得自己沒有良好的人際關係，因此被逼得走投無路的人，事實上非常多。

意識剝奪了他們「開心」的感覺，使得「生存在社會上」變成一件令人痛苦的事。

只不過，前一篇中提到的前輩，就跟拿水給孩子喝的媽媽一樣，只是因為覺得：「如果不說，可是會出大紕漏的！」才會提醒後進，並沒有想要「逼對方一直惦記著別犯錯」的意思。

事實上，當這位前輩愈是覺得「自己非得做點什麼來幫幫忙才行……」，或許她的感覺也因為恆定性作用而反向地漸漸痲木了。

一旦被迫意識到什麼而失去自我感覺的能力，人將會變得無法好好生存。相反的，惦記著他人，也會在不自覺間剝奪對方的感覺能力，導致最糟糕的結果在眼前發生。

由此可見，意識真的具備相當強大的影響力。

5 意識和大腦的關係

一旦緊張的開關壞掉……

我一直都很羨慕不會想太多的人，因為我無時無刻都想著：「一定要好好念書才行」、「一定要整理乾淨才行」、「絕對不能說惹人厭的話」等。而且我愈是這麼想，反而「完全做不到」，導致得到最糟糕的結果。

相反的，什麼都沒想的人，竟然做什麼都很順利！這實在讓我非常羨慕，始終不懂自己到底哪裡做錯了。

不過，透過許多研究和諮商案例，我漸漸發現一件事。那就是：「為什麼有些人總是處於緊張的狀態？」

我曾經讀過一個實驗報告，研究人員將剛出生的幼鼠，從鼠媽媽的身邊抱走，不久之後再把牠放回群體中。結果發現，幼鼠完全無法融入群體。這個結果讓我十分震驚，因為這完全就是我自己的狀況！

也就是說，一般幼鼠在緊張的時候，會因為感受到媽媽的溫暖而覺得放心，使得大腦的緊張開關能夠適時切換。

所以，當幼鼠在群體中感受到同伴的溫暖，緊張開關就會關閉，知道「大家都是同類」，很順利地就能融入群體。

相反的，一出生就被從鼠媽媽身邊抱走的幼鼠，由於感受不到溫暖，造成大腦的緊張開關無法適時切換，就算牠回到群體中，也感受不到「同類」，因此隨時處於緊張的狀態。

緊張＝意識狀態

「放鬆」，指的是什麼都不想的舒服狀態。相對的，緊張時，大腦會一直想東想西，處於「意識狀態」。

某些經由唾液壓力值測量儀器，被判定為「幼兒期缺乏父母溫暖擁抱」的人，在接受壓力刺激檢查後，會發現這些人的壓力值在必須上升的情況下，反而毫無動靜。

也就是說，由於大腦的緊張開關無法正常反應，因此面對不需要緊張的情況，反而感到緊張而想太多。相反的，面對重要的情況（壓力值應該要上升的情況），緊張開關卻關閉，導致「提不起勁，什麼都做不好」。

非但如此，大腦的緊張開關一旦壞掉，人就會經常處於緊張的狀態，造成大腦過度活動。

以我的例子來說，由於大腦中負責思考未來的額葉聯合區過度活動，因此會對還沒發生的事情考慮太多，導致遲遲無法做出決定。但在面對重要情況時，額葉聯合區反而沒有任何反應，所以無法做出符合邏輯的判斷，造成令人後悔的結果。

換言之，**因為大腦的緊張開關無法正常發揮作用，使得人在不必要的時候感到緊張，進而造成大腦過度活動，產生多餘的擔憂時，人就會感到痛苦。**如此一來，就有可能導致「想太多」的情況。

6 為什麼愈顧慮他人的感覺，自己就愈緊張？

大腦不受控制地想個不停

前文提到，當緊張造成大腦過度活動、引發意識作用時，緊張的程度也會更加劇烈。而愈是緊張，大腦的活動愈是無法取得平衡，導致無法做出適當的決定。

舉例來說，假設電車裡有個大叔正旁若無人地大聲講電話，引人側目。假使周圍人的大腦緊張開關運作正常，這時候開關就會開啟，頓時覺得：

「這個人真沒禮貌！」但因為想到車上還有其他人，就算了，很快就會關閉開關，繼續讀自己的書報。

不過，對於大腦緊張開關故障的我來說，一旦覺得「這個人真沒禮貌」而啟動緊張開關，就不會再關閉開關了。我會不停地想，猶豫著到底要不要去提醒對方。

甚至，我還會顧慮到其他乘客的想法，擔心著：「萬一我去提醒他，說不定會被其他人當成危險人物看待。」

一旦意識到這股不安的心情，我就會更在意講電話的大叔，覺得「都是他害我變成這樣」。接著，氣憤和擔心造成大腦愈來愈緊張，變得完全無法不去想它。

就像這樣，**當意識產生作用之後，大腦的緊張情緒會愈來愈強烈，造成**

大腦過度活動，導致人無法冷靜下來好好思考。

接下來，由於緊張開關會在緊急情況下關閉，就算我決定鼓起勇氣去提醒對方，說起話來也會支支吾吾的、無法清楚表達。萬一對方回嗆：「說什麼啊你！」緊張開關會更無法開啟，變得完全回不了嘴，只能窩囊地在眾人面前吃悶虧，後悔自己又做了最糟糕的選擇。

「意識」對於大腦緊張開關正常的人來說，是「不可欠缺的東西」。不過，對於緊張開關故障的人而言，意識的作用愈強烈，愈會因為各種小事而感到擔心或憤怒，使得大腦愈來愈緊張，意識愈來愈失控，最後將想像中的不幸變成事實。

呃……那個……
在電車裡……
請、請、請不要……
不要講……
什麼？

CH2

「無意識」究竟是什麼？

1 無意識是激發自信的泉源

愈覺得自己辦不到，就愈能激發自信

以前的我，就算自己想要做什麼，最後一定都是失敗收場。所以我一直對自己非常沒有信心。

從小到大，就算我決定發奮圖強念書，結果總是只有三分鐘熱度，完全無法專心。運動也是一樣，雖然想要變得更厲害，卻完全不練習，做什麼都半途而廢，對任何事都沒有自信。

後來，我開始學習催眠治療。當我向老師提到這一點時，他告訴我：「你覺得自己『缺乏自信』，不過，其實我從你身上可以感受到一股堅定的自信。」這句話頓時啟發了我的思考。

在我的印象中，幾乎每天都會遭受父母的打罵，哭得非常慘。在學校也同樣受到同學的霸凌，就算想用成績教訓那些加害者，結果也不是很順利，完全不是讀書的料。這使得我對自己毫無信心，總是認為：「算了！反正我什麼都做不好。」

不過，當我聽到催眠老師的這番話，這才驚覺：「為什麼毫無自信的我，如今竟然能有這番成就？」

後來我發現，自己非常渴望能盡早學會催眠治療，才有能力去幫助有心理困擾的病患。

我在意識上認為「自己很沒用，笨頭笨腦的，什麼也學不會」，但同時，這種想法在無意識中激發了我的自信，覺得「我可以比任何人盡早學會催眠治療」，因此在不知不覺間，我總是比任何人更認真地學習。

在意識上愈覺得「自己很沒用」，無意識就會在不自覺間充滿自信，挑戰意識覺得「應該辦不到」的事。當我發覺這個道理時，感到十分震撼。

於是我在想，難不成我的病患也是這樣嗎？

無意識掌控著意識的平衡

有一天，有個病患因為「覺得自己不會說話」而來找我諮商。據這位病患表示，自己一直無法在眾人面前好好說話，也因為這樣，在工作上一直不是很順利。

「如果可以更有自信地在大家面前表達自己，人生說不定會更順利。每次只要一想到這裡，我就很懊惱。」他說。

他也很生氣，覺得會說話的人都可以獲得有意義的工作，像自己這種不會說話的人，只會被使喚去做雜事，忙到每天還得加班。

對於眼前這位在意識上「缺乏自信」的病患，我決定先觀察他的無意識。從他的談話中，我發現他一直覺得「大家聊的話題都是一些沒有意義的內容」。

也就是說，雖然他是因為無法獲得對方的共鳴，才「無法好好表達自己」。不過在無意識中，他其實是認為自己的意見太有深度，沒有人聽得懂。

當我告訴他這個事實時，他嚇了一跳，才驚覺原來自己是這麼想的。同時他也很緊張，擔心這樣一來，自己不就成了討人厭的人嗎？因為他把周遭人都視為「無知者」看待。

這時候，我更進一步觀察眼前這位慌張男子的無意識。

我漸漸發現，其實他並不是看不起其他人，只是想找一個可以聊得來的人罷了。

也就是說，他在無意識中產生過度的自信，覺得自己的意見比其他人更具深度，因此希望身邊有個可以聊得來的人。

無意識
意識
我想跟更有深度的人對話！
我不太會說話……

雖然覺得「自己不會說話」，實際上卻在無意識中產生一股莫大的自信。於是，他在不知不覺間養成閱讀艱澀書籍的習慣，也開始參加許多專業人士的研習講座。

後來透過諮商，他發現自己在無意識中其實充滿自信，於是很快就成功轉換跑道，順利找到「可以和自己聊得來」的工作環境。

最後成功擺脫了「不敢說話」的困擾。

2 有自信和沒自信的差別

意識到的是「他人的眼光」

我經常有一種感覺：「為什麼那個人做起事來如此有自信，我卻對自己毫無信心？」就連在電車上，我也會感到羞愧，覺得大家看起來都充滿自信，自己卻如此缺乏自信，畏懼於他人的眼光。

「為什麼我會這麼沒自信？」這個問題從以前就一直困擾著我。我一直很努力在想，自己和那些有自信的人，究竟哪裡不一樣？但是想歸想，雖然我也曾嘗試讓自己變得有自信，但始終無法持之以恆，總是三分鐘熱度，最後以失敗收場。

然而，在瞭解無意識之後，我開始在想，說不定想愈多的人，愈沒有自信；相反的，懂得靠無意識生活的人，愈是充滿自信。

既然如此，問題就在於，讓我喪失自信的「意識」，究竟是什麼？

於是我發現，自己意識到的只是「他人的眼光」而已。也就是說，**當我愈在意「別人是怎麼想我的？」「對方怎麼看我？」，就會「對自己愈沒有信心」。**的確，無論是在搭電車或面對工作時，我都只想著：「身邊的人是怎麼看我的？」就這樣愈想愈沒有自信。

用這種缺乏自信的態度去面對工作，結果就是導致摧毀自信的狀況一再發生，將最後僅存的一絲自信也抹殺了。

無意識就隱藏在平時沒有留意到的地方

有趣的是，當我告訴自己：「既然這樣，只要別在意他人的眼光就行了。」結果反而變得更在意，進而激發意識的作用，讓我更加沒自信。

仔細觀察有自信的人，會發現他們的確不怎麼在意他人的眼光。但是，他們並非刻意要自己別在意。

有自信的人通常會把焦點放在一般人不會意識到的地方。例如，面對工作時，一般上班族都會在意「業績」或「上司、同事的眼光」。不過，從面對工作充滿自信的人身上，可以發現他們「電話應對的能力非常好」，或是「傾聽他人說話的態度很棒」等。我才知道，原來有自信的人重視的是一般人不會想到的部分。

我曾經試著學習公司裡那些有自信的人，我還記得，當我把焦點放在其他人不會想到的地方時，就很奇妙地感到充滿自信，覺得：「我應該可以辦得到！」而且不可思議的是，我的業績表現果真有了起色。

至於實際上該怎麼做，才能不在意他人的眼光、把焦點放在他人不會意識到的地方，這個部分就留待第三章再說明。

3 愈是追求完美的人，愈沒自信？

因為沒有自信，才會要求完美

完美主義者通常對任何事情都會努力「做到最好」，給自己設定高標準的目標，嚴以律己，也會在意他人的評價。

這類型的人「看起來都充滿自信」，但事實上也會讓人覺得他似乎空有其表，其實是「完全缺乏自信」。

因為追求「完美」，以考試來說，這類型的人會要求自己非要拿到滿分才行。就算拿到九十分這種已經算是高標準的分數，他們也會覺得：「自己怎麼這麼笨！為什麼只考九十分！」責怪自己不夠完美，變得「缺乏自信」。

人不是上帝，不可能凡事都「稱心如意」。因此，完美主義者隨時都會遇到「想追求完美卻事與願違」的情況，導致他們對自己做出負面的否定評價。

他們愈是沒有自信，愈會要求自己「非要達到完美才行」，以此為目標而拚命努力。就算如願達成，「完美主義」的個性卻會讓他們對細節「未臻完美」的部分錙銖必較，認為「我果然辦不到」，因此失去信心。

也就是說，完美主義者其實一直都缺乏自信。

做不到完美，就乾脆不做

還有另一種完美主義者的情況是，因為追求完美，「既然沒辦法整理乾淨，索性不整理了」，因此把該做的事一再拖延。

這類型的人會覺得：「總有一天我要把東西整理好！」但如果缺乏「幹勁」或「體力」，就「沒辦法整理」。

例如，他會有「今天有點累，沒辦法整理」的想法，就是因為完美主義的個性在作祟，告訴自己：「以今天的體力，是無法整理乾淨的。」

要回覆信件時也是一樣，他會因為覺得「回信必須要內容完整才行」，就不斷猜想：「如果對方看到我的回信，會怎麼想？」

到最後，他就會變得「遲遲無法下筆」，成了對方眼中「做事散漫，不夠嚴謹的人」。

不僅私底下沒辦法把家裡或櫃子整理乾淨，在工作上也沒有做到確實回覆。到最後就會開始自責，覺得自己是個沒用的人，完全喪失自信。

愈是不想面對自己的人，愈會嚴格要求他人

另外，也有一種完美主義者是「對他人要求完美」。

像是「他那樣做不對！」「那樣想是錯的！」等，只看見別人的錯誤，於是私底下給對方做出負面評價，或是真的在網路上批評對方。

這類型的完美主義者，一旦認清自己無法做到完美的事實，就會感到極度恐慌，覺得自己失去生存價值，因此會不斷指責他人的缺失和錯誤。

對於這種會批評和責備他人的人，一般人都會覺得他們似乎充滿自信。

然而，**實際上這類型的人只是不想讓別人看穿真實的自己，其實是個毫無自信的人**。

對方客戶……
明天要做簡報了！
完美主義者
看似完美，事實上……
好累……
其實毫無自信

4

意識會讓人看不起自己

「意識↓挑毛病↓意識」的惡性循環

所謂意識，就是判斷「對或錯」。

以完美主義者來說，意識會告訴他自己：「不夠完美就是錯的。」因此這類型的人會不停地對他人和自己挑毛病。

意識的「對錯判斷」作用發揮得愈強烈，人愈無法停止挑毛病。這不僅會傷害到他人，也傷害到自己，導致最後變得「看不起自己」。

在我小時候，媽媽經常挑我的毛病，例如：「你這裡不行！」「那裡不對！」等，幾乎每天都把我罵哭。

身邊的人都以為，這些愛的責備會讓我的成績變好。不過事實上，我的成績一直都是吊車尾，連帶也使得我非常看不起自己，認為自己是個既不會念書又沒用的人。

我弟弟從小就這樣看著我不斷被挑毛病。

所以他學到了「如果像哥哥那樣，就會被挑毛病，變成一個沒用的人」。於是，他把自己變成一個「從來沒有被父母挑過毛病」的好孩子。當然，這也讓他從小就一直覺得「自己可能比哥哥來得有用」。

後來，雖然我離開家裡，但是只要一想到：「為什麼自己沒辦法把書念好？」就會無法專心念書。結果成績一樣毫無起色，依舊覺得自己是個愚蠢又沒用的傢伙。

我甚至覺得「為什麼自己不像其他人一樣，可以把家裡整理得乾乾淨淨」，一直挑自己的毛病。我愈這麼想，就愈不想整理，家裡永遠都是亂七八糟的，而我也一直處於自哀自憐的情緒中。

雖然我也知道：「既然這樣，就趕快動起來整理！」可是當我自問：「為什麼不整理呢？」意識就會告訴自己：「我辦不到！」到最後，我連垃圾都沒辦法清理，不停地往家裡堆積，直到散發惡臭。而這一切，讓我更加看不起自己。

把一切交給無意識之後，終於獲得解脫！

然而，當我不再問自己：「為什麼我做不到？」「為什麼我不如別人？」我發現自己竟然主動開始打掃了！

在垃圾尚未堆積之前，只要有垃圾就馬上清理，不再東想西想的。甚至每天用吸塵器仔細打掃，地毯乾淨到「看得到人走過去的腳印」。我也開始變得有自信，敢邀請朋友到家裡來玩了。

後來，大家開始覺得我是一個「愛乾淨的人」。隨著這樣的改觀，我對自己也愈來愈有信心。

對我媽媽來說，或許是想藉由提醒來促使我成長。而我受到這種教育方式的影響，一直以為「必須要有所自覺地改變缺點，才能成為一個有出息的人」，一直很努力地提醒自己必須改變才行。

然而，我愈這麼做，愈覺得自己「辦不到」、「不懂」，而且「不如他人」。結果就是看不起自己，認為自己是個沒用的人。

對我而言，意識讓我看不起自己。當我拋開意識，把一切交給無意識之後，過去那些辦不到的事情，如今都可以輕鬆完成了。我可以毫無拘束地開心做事，對自己也愈來愈肯定！

5 無意識也能讓人擺脫煩惱

意識會剝奪一個人的時間

若總是用意識來思考，會讓人感到愈來愈不安，覺得「這樣也不行、那樣也不對」，猶豫不決，白白浪費許多時間。

甚至有時候，光是想這些就讓人精疲力盡，對於實際付諸行動感到麻煩，也沒有力氣去做了。

相反的，如果「借助無意識的力量」，人會感覺「就像自動駕駛一樣」，什麼都不想、不用擔心，可以一個動作接一個動作地完成所有事情。

換言之，只要藉由自我誇獎（參照171頁），或是透過固定的流程來啟動無意識的開關（參照189頁），身體就能不經思考地自動進行工作。

舉例來說，我透過無意識，對於自己原本覺得麻煩的家事和打掃，如今再也不會覺得「一點都不想動」，反而身體會自己動起來，兩三下就整理好，真的很有用！

以前，我會花很多時間想東想西，拖了很久才實際行動。而且，就算好不容易決定要做，由於我在前一個階段已經花太多精力在思考，這時只會覺得一切都好麻煩。所以不管是做家事或打掃，最後根本毫無進展，只是白白浪費了許多時間。

接下來，我又會覺得「都沒有自己的時間」，於是壓力愈來愈大，想的盡是一些不開心的事，或是為接下來的事情而煩惱。想得愈多，就愈來愈沒有自己的時間，根本就是惡性循環。

透過無意識，發揮原本的實力

不過，一旦試著透過各種方式啟動無意識的開關，開始借助無意識的力量之後，你會發現做起事來相當順利，讓人不禁懷疑：「咦？怎麼一下子就做完了！」「只要這樣就行了嗎？」不僅自己的時間變多了，開心的事也會愈來愈多。

只要**凡事以無意識優先，就會發現原來生活是這麼輕鬆快樂的一件事，而且可以擁有充分的個人時間**。

非但如此，**藉由無意識的力量，在減少煩惱、增加個人時間之後，會發現身邊的人對自己的評價也跟著變好了**。

以前我一直不懂，為什麼自己已經很努力了，卻得不到他人的肯定。不過，之所以會有這種煩惱，是因為意識太貼心，把心裡「可能不會受到肯定」的擔心，變成了事實。

在無意識的世界當中，意識就不會再這麼做了。如此一來，自然就能發揮原本的實力。

只要你明白這個道理之後，就會更想要不斷借助無意識的力量，為自己的時間創造更多的快樂。

意識
該怎麼辦才好？
要做喔？還是不要做？
嗯⋯⋯
好麻煩喔！
嗡
啊！
沒有時間了！

無意識
動作迅速！
兩三下輕鬆完成！
有時間了，
來看書吧！

6 激發最強戰友「無意識」的方法

無意識不是靠努力激發出來的

若要靠意識「改變自己」，必須相當努力。而且，只要一想到「自己真的能夠這麼努力嗎？」就會因此懷疑自己而想放棄。

只有少數特別的人，才有辦法持續努力不懈並發揮所長，最後達到目標。但是對一般人而言，意識都會認為自己「辦不到」。

然而，那些「特別的人」都不是靠努力達到目標。說不定，他們只是懂得善用「無意識」罷了。

也就是說，或許他們只是撇開努力之類的念頭，讓能力自然發揮而已。

就像重視「固定流程」的運動選手，可以透過某些動作啟動無意識。優秀的科學家在進行研究時，不會一直想著「說不定我會有新發現」，或是「我可能會失敗」。他們一心只想著「試了才知道」、「為什麼會這樣」，藉由這些念頭來擊退意識，並激發無意識好好發揮，最後才會達到「有偉大發現」的成果。

厲害的作家在散步時，看到的也不是眼前的景物，而是透過想像那些隱藏在景物中看不到的意象，「啟動無意識」，「激發源源不絕的創作靈感」。

無意識沒有極限！

若要善用無意識，必須先關閉平時經常開啟的「意識」。這應該需要相當艱辛的訓練吧？但這只是意識告訴你的想法。

事實上並不然。**只要藉由固定的流程或想像，或是思考：「為什麼會這樣？」就能輕易啟動無意識，達到「發揮彷彿非己所能」的成果。**

一旦學會善用無意識，你就能看見過去看不見的事物，瞭解過去不懂的道理，而且漸漸地會知道善用無意識的方法說不定根本就沒有極限。

相對於有限的意識而言，無意識的世界是沒有極限的。讓人可以發揮無限力量的，就是無意識的世界。至於如何善用無意識來輕鬆面對生活，就讓我們透過下一章繼續看下去吧！

CH3

運用「無意識」，改善人際關係

1 尋找外在的緊張來源，消除內心的不安

人的擔心和緊張會互相傳染

有時候，如果身邊有人緊張，自己也會「跟著緊張」。

例如在婚禮上，如果坐在準備上臺致詞的人旁邊，雖然不是自己要上臺，但你和致詞者的距離愈近，就愈會感染到對方緊張的情緒。這都是因為人的大腦具有「同感作用」的關係。

這種時候，自己的大腦會模仿對方的大腦，把對方的情緒當成自己的感受，所以你才會感到緊張。這一切都是大腦自發性地（在無意識間）模仿對

方大腦的狀態，和意識無關。

或許當對方結束致詞之後，自己也跟著鬆了一口氣，你才會發現：「原來是對方的緊張傳染給自己了。」

然而，**假使你沒有發現（或無法察覺）自己的緊張是來自他人，這時候意識就會擅自斷定「緊張的原因是出於自己」**。

實際上，在會議的場合中，多數人都沒有察覺到自己的緊張是來自於他人的感受。一般人都會聽信意識的擅自安排，例如：「因為自己不擅言詞」、「因為不喜歡對方」等，才會覺得緊張。

不過，意識隨意斷定的這些緊張的原因，根本不存在，完全不是這麼一回事。一旦誤解了緊張的原因，自然無法消除不安和緊張的情緒。

無論生氣或緊張，只要能消除原因，情緒自然會消失

舉例來說，假設你回到家時，發現太太滿臉怒氣。

這時候你開始猜想：「她為什麼在生氣？該不會是因為我沒有摺衣服吧？」於是趕緊把洗好的衣服摺好。但是，你把衣服摺好了，太太的心情卻沒有好轉。

「對了，應該是因為她忙到沒時間打掃，家裡太髒了，讓她心情不好！」於是你趕緊用吸塵器打掃地板。

然而，這還是無法消除太太的怒氣，結果就換成你心中有一把怒火漸漸燒起來，「什麼意思嘛！我都已經這麼努力在做了！」覺得自己工作一整天累得要命，回到家還要受氣。

這時，你突然想到自己忘了買跟太太約定好的蛋糕，於是急忙出門買蛋

糕回來，太太這才展露笑容。你終於明白，原來太太是因為這件事在生氣。

就像這個例子，有時候如果沒有找到「原因」的「正確解答」，對方的怒氣就沒有平息的一天。

同樣的道理，當自己感到不安或緊張時，如果你試著推敲出原因，卻發現仍舊無法消除情緒，就表示你找錯原因，緊張才會一直存在。

面對緊張的情緒時，你可以試著推敲各種原因，告訴自己：「該不會緊張的原因，其實不是來自於自己？」一旦你懷疑「難道是對方把緊張傳染給我的？」之後，如果覺得「一這麼想，就比較不緊張了」，就請告訴自己，這是緊張的「真正原因」。

或許有些人會覺得：「這樣只是把自己緊張的原因推給他人吧！」不過，如果你指著一個完全不緊張的人，然後問自己：「是他把緊張傳染給我的嗎？」這樣並不會消除自己的緊張情緒。

因為對方不是你緊張的原因。

只有找到真正將情緒傳染給你的人，你才會感到鬆了一口氣。無意識就是這麼奇妙。

2 改掉負面口頭禪，不安的情緒也會消失

意識會透過口頭禪，讓想像變成事實

如果你與他人相處時感到不安或緊張，一旦意識開始作用，大腦就會開始思考不安或緊張的原因，例如：「我會緊張是因為和這個人處不來」、「對方覺得我很自大，這讓我感到很不安」等。

那麼，你在說話前通常就會以「其實也不是什麼大不了的事」、「隨便」等當作開場白。

你的意識之所以會告訴自己「和這個人處不來」，是因為斷定「對方的價

值觀和自己的不同」。一旦你把這種念頭化成言語說出口，就會直接遭到對方的吐槽，例如：「沒什麼大不了的就不要說了！」或是「覺得隨便，就不要有意見！」等。如此一來，只會造成自己更加斷定「我果然和這個人處不來」，增加心裡的不安。

其實，**這只是因為自己的意識捏造了一個令人不安的現實，導致你在說話時會用一些類似口頭禪的發語詞，結果更證實了「自己和這個人處不來」**。

留意自己的口頭禪，就能瞭解自己的不安

相反的，只要你注意自己使用的口頭禪，就能知道「意識試圖創造出何種現實」。

舉例來說，「你可能不會瞭解」或「這可能有點難懂」的說法，表示意識捏造的是一個「沒有人瞭解我」的現實。在意識的作用下，「沒有人瞭解我，所以我愈來愈孤單」的不安逐漸膨脹，於是創造出一個「孤獨」的現實。

或是「這解釋起來可能有點麻煩」、「這有點難說明」等口頭禪，有時代表意識正在試圖捏造出一個「自己遭到誤解而被排擠」的現實。

然而，如果你懂得善用「無意識」，就會發現自己之所以這麼說，只是為了捏造令自己不安的現實。

善用「無意識」的方法很簡單。

就像想要專心念書時，你會在心裡告訴自己：「專心！專心！」同樣的，在開口說話之前，請先試著在心裡告訴自己：「無意識！無意識！」這麼一來，「無意識」就會確實發揮作用。

你會發現，自己不再需要那些口頭禪，自然而然就能直截了當地表達重點。只要善用「無意識」的力量，意識就不會再捏造令自己不安的現實，事情就能順利進行了。

到最後，你會清楚看見過去那些口頭禪為自己帶來的麻煩，不禁感嘆自己過去到底為何所苦！

一片沉默——
……
……
……
……
這可能有點難懂……
口頭禪會捏造出
令自己不安的現實！

3 不再在意他人評價的咒語：「我不知道別人在想什麼。」

因為在意對方的評價，造就了棘手的現實

有時候，我會因為對方的一個小動作，就認為：「他一定是看不起我。」於是我開始擔心：「自己是不是被當成傻子瞧不起了？」「該不會只有自己被排除在外吧？」這種不安的情緒愈膨脹，愈會激發意識的作用，導致在說話時加了不必要的發語詞（口頭禪），最後把擔憂變成了現實。意識讓我產生錯覺，以為自己真的被當成傻子、受到排擠。

於是我在想，在這種棘手的現實出現之前，有沒有什麼更輕鬆的方法可

以應對？

我一直不懂，為什麼自己會在意他人對我的看法？我也想過，難道是因為我缺乏自信？還是因為我把對方當成了鏡子，希望自己可以變得跟對方一樣呢？不過，縱使我再怎麼努力增強自信心，或是想辦法不再模仿對方，到頭來還是會在意對方的看法。

後來，我發現了一個道理，說不定是因為我自以為知道對方的想法，才會如此在意對方對我的評價。

當我開始告訴自己：「我連自己的想法都摸不清楚了，更不可能會知道對方的想法。」就突然變得不再在意他人的看法了。這樣的轉變，實在讓我嚇了一跳。

「難道這一切都和自信或模仿無關嗎？」

這讓我有點受到打擊，因為這代表著自己之前的努力根本完全搞錯方向。

「不知道別人在想什麼」是正常的

自從我瞭解到自己是因為誤以為「知道對方的想法」，才會在意對方的評價之後，人際關係對我來說就變得輕鬆許多。

我從小就經常被父母指責是個沒用的孩子，所以當他們的臉色稍有不對，我就會開始擅自猜想他們的想法，例如：「一定是因為我考不好」、「一定是因為我被人欺負，哭著回家，他們覺得我很丟臉」等。

現在回想起來，那個時候，當意識告訴我「爸媽覺得我很丟臉」時，我為了證明這個現實，在說話前總會使用一些不必要的口頭禪。

雖然是意識捏造出這樣的現實，但我卻一直認為「自己很擅長看穿他人的想法」。

因此，在面對他人時，我總是會（自以為地）解讀對方的想法，然後透過意識不斷告訴自己：「那個人討厭我」或「那個人瞧不起我」。

後來，當我開始告訴自己：「我不知道別人在想什麼。」意識才停止作用，取而代之的是無意識。所以，我終於可以毫無偽裝地在大家面前展現真實的自己了。

事實上，過去我之所以覺得自己被當成傻子，或是被瞧不起、被欺負，導致過度「在意他人的評價」，全都是因為我沒有展現真實的自己。一旦懂得善用無意識的力量，明白「我不知道別人在想什麼」的道理之後，就沒必要再偽裝自己了。

當一個人不再需要為了迎合他人而偽裝自己，就會開始探索真實的自己，並且樂在其中。

漸漸地，你會發現真正的自我，例如：「說不定自己是個有個性、很好相處的人」、「說不定自己其實是個瀟灑、個性幽默的人」等。

當你不再在意他人對你的評價時，就能發現隱藏在內心的各種自我的可能性。

4 只要對意識存疑，不擅長的事也能變得輕鬆有趣

重新瞭解自己，不要小看自己的長處

前文提到，一旦明白「我不知道別人在想什麼」，世界將會完全改觀。意識不會再捏造事實而告訴你：「自己是個沒用的人。」相反的，你會開始覺得：「自己可能很厲害。」

在面對他人時，你也會開始發現自己的溝通能力變好了，人際關係變得更輕鬆自在。

不僅如此，無意識有時候也會讓人發現自己的長處。

以前，我在面對工作上的計算時，只要想到「又會被指出錯誤」，意識就會開始作用，告訴自己：「我的算數果然很差。」

不過，當我告訴自己「我不知道別人在想什麼」之後，就不再在意對方對我的評價，反而兩三下就完成計算工作，甚至覺得計算變得很有趣，對自己的計算能力產生自信。

而且，我也會急於想知道自己是不是都算對了。如果最後確定完全正確，就會對計算更有自信，愈來愈感興趣，直到最後發現原來自己很擅長算數。

一旦樂在其中，就算不擅長念書，也能輕鬆記住重點

只要善用無意識的力量，告訴自己「我不知道別人在想什麼」，無意識就會帶你看見自己的各種長處和潛能。

我有一個案例，他一直認為「自己不擅長閱讀」。

據說他只要在家看書，太太就會問他：「你真的看得懂嗎？」被這麼一問，他總是一時回答不上來，便以為自己其實看不懂，始終認為自己不擅長閱讀。

這種情況的因果關係其實是：

他以為對方覺得：「讀這種書有什麼用！」於是意識開始產生作用，捏造出一個「自己看不懂」的事實。

最後導致對方真的說出「你看！果然沒有用」的結論。

不過，後來當他透過無意識告訴自己「我不知道別人在想什麼」之後，就不再在意太太說什麼，反而輕鬆就看完書，而且覺得閱讀是一件快樂的事。

過去，他在意識的作用下，一直想著：「一定要看懂！」所以老是執著在看不懂的地方，導致最後心生厭倦，認定自己果然不擅長閱讀。如今，這些情況完全消失了。

一旦覺得閱讀是一件「開心」的事，就一定可以記住內容重點。

在無意識的協助下發現自己的長處，會讓人變得更有自信，連帶也會使得人際關係和生活變得更快樂。

這不是很棒的一件事嗎？

别人怎麼想，
我不知道！

5 透過模仿尊敬的人，漸漸愛上自己

「不知道跟著做之後會有什麼改變」的未知性，會激發無意識的作用

讀到這裡，或許有些人會覺得，「自信哪是這麼容易說有就有的！」會說這種話的人，其實都是主觀意識強烈、認定「我就是這樣！」的人。

這種認定「我就是這樣！」的主觀，會激發意識的作用，造成意識不斷捏造出「（和過去一樣）不變的事實」。

對於這樣的人，意識會刻意製作失敗挫折，展現「你看，果然還是一樣

吧！」的事實，讓人以為「自己就是經常像這樣失敗，才會沒有自信」。

這種時候，有個非常簡單的方法可以激發無意識的作用。那就是**「模仿自己尊敬的人」**，任何行為都可以。

例如想學優秀的棒球選手「每天吃咖哩」，就儘管去學沒關係。

這時的重點是，「自己並不知道跟著做之後，會發生什麼事」。由於是模仿他人的行為，自己並不清楚結果會如何。這種「不知道結果會怎樣」的狀態，能激發無意識產生作用，帶來有趣的變化。例如：「自從每天吃咖哩之後，變得跟棒球選手一樣走起路來更有自信了！」或是「養成工作前先活動手腕、伸展筋骨的習慣」等。

意識會讓自己以為「沒有改變」，然而透過「模仿」行為，它將不再產生作用。無意識則會因此開啟，使得「事實漸漸有了轉變」。

模仿並期待無意識帶來未知的變化，能激發無意識發揮更大的作用。如此一來，自己的行為也會變得跟「仰慕的那個人」一樣，甚至在不知不覺間開始產生自信，一步步喜歡上自己。

透過模仿，激發出理想的自己

有個女子一直覺得自己被身邊的人嫌棄，不受重視。

搭電車時，只要她一坐下，旁邊的人就會立刻起身離開。

就連參加聯誼，也沒有人主動找她聊天……

於是我建議她，可以試著藉由「模仿自己尊敬的人」，激發無意識的作用。

她聽從我的建議，很快就開始模仿喜歡的模特兒，跟她穿著相同品牌的衣服。

當我再一次見到她時，她整個人變得煥然一新。

我第一眼注意到的，是她的彩妝變得可愛多了。

根據她的說法，「以前自己總是擦了一層厚厚的防曬乳，弄得整張臉看起來很慘白、沒有血色，所以大家才不敢靠近。」她甚至還怪我怎麼不早點跟她說這件事。

她學喜歡的模特兒穿相同品牌的衣服，在不曉得會發生什麼事的狀態下，期待無意識為自己帶來轉變。結果，她化妝的方式變得自然不做作，也展露出模特兒般優雅的神情舉止。

「現在已經有男生會主動找我說話了。只不過，現在搭電車時，位置不再像以前那麼寬敞了，還真是有點懷念呢！」說完，我們兩個都不禁笑了。

她一想到過去意識捏造出來的事實，竟然讓自己刻意將臉抹得慘白，嚇得大家不敢靠近，就不禁覺得「意識還真有創意呢」。

透過持續模仿尊敬的人，原本意識捏造出來的「不會有改變」的事實，將會產生截然不同的轉變。

在不曉得模仿會帶來何種轉變的期待下，將激發「無意識」產生作用，於是自己在不知不覺間，變得像仰慕對象一樣地思考、行動，一步步接近理想中的自我模樣。雖然不知道究竟是因為模仿仰慕的對象，才喜歡上自己，還是因為在無意識的協助下，跳脫了過去意識捏造出來的不幸，找回原本真實的自己，才喜歡上自己，但可以確定的是，你已經開始對自己產生自信了。

6 只要放棄追求正確性，心靈就不會感到疲憊

「對或錯」會讓人產生不安

人在判斷「對或錯」時，會激發意識的作用。這一點在第一章已經說明過了。

一旦意識開始作用，人就會感到不安，例如：「沒有人瞭解我是對的」、「愈是要求正確，就愈會遭到周遭人的排擠」等。

因為感到不安，就說出不必要的發語詞，像是「說這些也沒有用」、「你可能無法理解」等。對方聽到這種話，當然會被惹怒，於是變成不管你說什麼，

他都不會接受。然後你自己就因此更加肯定：「看吧！只要我一說到對的事情，都會被嫌棄。」

如果一直用「對或錯」來思考，意識就會不斷捏造出負面的事實，讓你對人際關係愈來愈感到困擾，一不小心就掉入放棄的陷阱中。

所以，這時候就應該借助「無意識」的力量。

判斷「對或錯」時，意識會產生作用。相對的，判斷「開心或不開心」，則會激發無意識的作用。

以「正確性」來說，其中關係到社會價值的判斷標準。不過，「開心」指的是個人的感受，沒有任何標準，也就不會啟動意識，因此能借助無意識的力量來輕鬆面對。

以開不開心為判斷依據，可以為心靈和行為帶來更多自由

跟大家分享一個病患的故事。

這是一個凡事講求「對錯分明」的女子，看到工作能力不如自己的人獲得升遷機會，讓她覺得十分不合理。

此外，她覺得自己老是被指派到麻煩的工作，就算加班完成它，也完全沒有任何好處。每次一想到這裡，她就會興起換工作的念頭。

她一直覺得很不甘心，明明自己總是為公司著想，做正確的事，卻得不到任何肯定。

後來，在我的建議下，她改變觀念，改用「開不開心」來當作判斷依據。

結果她發現，「原來太認真工作，一點也不開心」、「原來指揮下屬做事，是一

件開心的事」。

過去，她總是認為把工作推給下屬是不對的，幾乎都是自己一個人完成工作。她會加班也是因為這個原因。

不過，自從她試著把工作指派給下屬後，發現不僅自己的負擔減輕不少，做起事來也能樂在其中。

我再次見到她時，她竟然獲得升遷了。

以前那麼認真地面對工作，卻絲毫不受肯定。如今只是做做樣子，竟然就獲得升遷機會……換作是以前的她，一定會覺得：「這太不合理了！明明都沒在做事！」

雖然現在的她還是覺得不太合理，但她也發現，原來在追求開心的過程中，事情會變得一帆風順。這讓她感到相當難以置信。

在過去，即便她想當個取巧的人也辦不到。但自從她開始追求開心之後，輕輕鬆鬆就得到了升遷的機會。

現在，她再也無法放棄追求開心了。

7 懂得善用無意識，生活會變得更快樂

看起來特別亮眼的人，全是拜無意識所賜

追求「正確性」會促使意識產生作用，使得心裡的擔心變成事實。

相反的，透過追求「開心」來啟動無意識，事情會有意外的絕妙展開。

這種無意識的作用，會為我們帶來更開心的事。

也就是說，這會讓我們想更進一步地取巧，不僅是借助自己的無意識，甚至是借用他人的無意識。

舉例來說，各位的身邊是不是也有看起來特別亮眼的人呢？這類型的人很有可能就是用「無意識」來面對生活。既然如此，何不就借用他們的無意識呢？

方法如下。當你猜想著「對方在想什麼」時，會促使意識發揮作用。因此，這時候你要做的是「在大腦裡模仿對方的行為」。在前面108頁「模仿尊敬的人」的部分，曾提到要實際模仿對方的行為。不過在這裡，你只要在大腦裡模仿就行了。透過這種方法，就能「輕鬆借用對方的無意識」。

很少有人會一邊想著每個動作一邊行動。人在行動時，幾乎都是靠無意識的作用。也就是說，身體的動作就是連結對方無意識的關鍵。

有一次參加演唱會時，我一直觀察著臺上我所仰慕的吉他手，在腦中模仿他的動作。不知不覺間，我感受到吉他手的無意識，當下突然覺得自己比單純聽演唱會要來得快樂多了。

就在我開心地在腦中模仿吉他手的動作時，突然得到了靈感：「啊！我懂了！我只要用這種方式去面對公司的簡報就行了！」也就是說，我透過吉他手的無意識，領悟到吸引大家著迷傾聽的方法。這時候的我，狠不得馬上回公司做簡報，以證實自己的想法。

後來，我嘗試用這種方法實際在公司做簡報。結果令人驚豔，大家都覺得我的表現跟之前完全不一樣了。

那一刻，我成功借用了他人的無意識，輕鬆學會過去所沒有的技能。

透過大腦的模仿，借用他人的無意識

有個女性病患在觀賞芭蕾舞公演時，突然想到：「真的只要在大腦裡模仿舞者的動作，就能借用對方的無意識嗎？」便決定實際嘗試看看。

當臺上的舞者跳躍時，她也在腦中跟著舞者一起跳躍。就連舞者的手部動作和臉部方向，她也一一模仿。就這樣，她漸漸覺得：「自己說不定也能做到這些動作！」

過去她只能把對方當成「仰慕的對象」，如今透過模仿、借用對方的無意識之後，她開始產生「自己說不定也能像對方一樣優雅和美麗」的想法。

這位女子表示，當自己試著模仿舞者的肢體動作（借用對方的無意識）之後，開始感覺自己變得更有自信。她看完表演回家時，就連身體姿勢和走路姿態都變得跟以前不同了。

她這才發現，光是改變姿態，自我印象就會有截然不同的轉變！

是因為走起路來變得抬頭挺胸，所以對自己更有自信？還是因為感受到舞者的無意識，才變得更有自信，連走起路來也變得抬頭挺胸了？

不論如何，光是透過大腦的模仿，連結對方的無意識，就能為自己帶來前所未有的轉變。即便實際上無法做出和舞者一樣的動作，但是大腦的想像毫不受限，只要看著對方，就能在大腦中做出完全一樣的動作。

當你在大腦中模仿對方時，就能感受到對方的無意識，開始覺得：「自己似乎變得不一樣了！」這實在很神奇，不是嗎？

8 用笑容軟化對方的惡劣態度

自己的回應方式，決定了對方的態度

對於仰慕已久的吉他手或芭蕾舞者，會讓人想借用他們的無意識，為自己帶來神奇的轉變。但如果是一直用惡劣態度對待自己的人，任誰都會想離他遠遠的，或是想盡辦法改變對方。

事實上，我身邊也有這樣的人。他總是在我心情好的時候，說一些讓人不愉快的話，或是莫名其妙地處處刁難，破壞我原本的好心情。

我一直在想，有沒有什麼方法可以改變對方的態度。就在這個時候，我想起大學時期某位教授的課。

這位教授在上課時，總是不停地在教室裡來回走動，讓底下的我們覺得：「他這樣一直走來走去，讓人根本無法專心聽課。」

於是，我們這群心理系的同學便一起擬定作戰計畫，當教授走到教室的左側時，大家就抬起頭來，擺出一臉認真聽課的模樣。

一旦他開始走動，大家就低下頭去，對他的話毫無反應。

就這樣，計畫進行了一陣子之後，漸漸地，教授只要一進到教室，就會固定站在左側。到最後，他上課時只會站在黑板前方，再也不會來回走動了。

對於這樣的結果，我們都非常滿意。

於是，我將同樣的方法套用在那個總是破壞我好心情的人身上。

只要對方說出讓人聽了不愉快的話，我就毫無反應，面無表情。相反的，當對方說出稍微好聽一點或是正面的發言時，我會立刻堆出滿滿的笑容，頻頻地點頭回應。

透過這種方法，對方終於改變原本令人不悅的態度。

以前我一直在想，一定也要讓對方嚐嚐好心情被破壞的感受。不過，就在對方改變態度之後，很奇妙的是，我的這種念頭也自然跟著消失了。

只對開心的事做出反應

聽完我的經驗之後，有位太太半信半疑地決定用這個方法對付自己的先生，看看是否真的會發生改變。

據說，這位先生總是會在餐桌上說一些惹怒太太的話，例如：「上一次的料理比較好吃」、「妳的菜錢花太兇了」、「妳太浪費食材了」等。

有時候，太太一整天的好心情，在回到家後馬上就被先生惹怒，讓她簡直快要受不了了。

於是她決定採取我的方法，只要先生說話不中聽，她就假裝沒聽到，面無表情。如果先生因此生氣，她就立刻起身，離開現場。

一開始似乎成效不彰，氣得她以為先生「果然是個不會說好聽話的人」。不過，持續一段時間之後，先生竟然開始在吃飯時稱讚：「這個好好吃！」

讓她簡直無法相信。

由於先生過去只會說不中聽的話，所以當他突然改變態度稱讚料理時，太太還差點忘了「回以笑容」。後來她才回過神來，開心地笑著做出回應。這時候，只會抱怨的先生又進一步讚美：「妳最近變漂亮了呢！」太太也跟著滿臉笑容地做出回應。就這樣持續一陣子之後，漸漸地，先生變得不再吝於給予讚美，甚至還會主動幫太太做家事了。

這種神奇的方法說白了，其實只是根據「開不開心」來做出反應罷了。

由於過去會對「不開心」有所反應，造成意識的作用愈來愈強烈，讓人愈想愈多，最後只是讓心裡的不安變成事實。相反的，如果只對「開心」的事做出反應，大腦就會確實啟動無意識的作用，帶來和過去完全截然不同的事實。

9 在引薦他人之前，先說一些好話

不必要的提醒，只會讓人心生擔憂

過去那些說話讓我感到不愉快的主管和家人，有時候都是基於「這是為你好，才會說這些難聽話」的心態。就像第一章提到的那位叫孩子喝水的母親，或是擔心先生酗酒問題的太太一樣。

也就是說，像這種「如果不提醒他，將來他會變成一個沒用的人」，或是「這樣子沒辦法在社會上生存，得確實提醒他才行」的擔心，會激發被提醒者的意識，導致對方產生「我會變成沒用的人」等過去沒有的擔憂，最後演變成事實。

若是基於這種心態，**當我們在為人居中牽線做引薦時，假使擔心著：「要是雙方處不來怎麼辦？」就很有可能會做出不必要的提醒**。

舉例來說，如果因為太擔心，在介紹之前先提醒對方：「這個人說話可能比較難聽一點，你不必放在心上！」「他稍微有點情緒化，你可別嚇著了！」一旦最後雙方真的處不來，你就會覺得自己的擔憂果然成真。不過，這種結果該不會是你造成的吧？

以前我在為病患引薦醫院的醫師時，都會先告知對方：「那位醫師說話可能比較不中聽，但其實是很好的醫師，請放心。」

後來有好幾次，病患都跑來向我抱怨：「你為什麼要介紹那種醫師給我？」

當初我只是覺得自己必須老實告知對方正確的訊息，沒想到這麼做之後，反而讓對方想太多，最後我擔心的事就變成了事實。

有一次，我突然想到，假使我的提醒會害得對方想太多，導致最後關係惡化，那麼如果我可以想辦法激發對方的無意識產生作用，說不定關係就會變好。

從那之後，我在為病患引薦醫師時，就會介紹：「這位醫師很棒喔！」但為了不要引發對方的意識作用，我刻意不具體提到醫師的優點，只是輕描淡寫地帶過。因為只要不是具體稱讚，就不算是「欺騙」……當然，我完全不覺得自己是在欺騙病人。

當我用這種方式告知病患：「這位醫師人很好，會設身處地為病人著想，你不用擔心。」後來病患也都紛紛感謝我為他介紹了這麼好的醫師。

這讓我簡直不敢置信，進一步詢問那位醫師實際的應對狀況，病患表示：「他真的很會替病患著想。」這讓我有些感動。那位醫師的態度完全一改我過去的印象，讓我不禁覺得自己做對了。

透過對無意識施以作用，無意識便會創造出出乎意料的事實，讓事情最後朝著開心、快樂的方向發展。這實在是非常有趣的現象。

CH4

借助「無意識」的力量，讓痛苦的工作變成快樂的事

1 無意識可以激發最佳的工作表現

意識會追求平衡，卻讓情況往最壞的方向發展！

「就算我再怎麼努力，也得不到肯定。」

各位是否也有這種感覺呢？很多人都有這種煩惱，覺得自己明明比別人更認真工作、努力做事，但是，「為什麼那個事情都做不好的人可以獲得肯定，自己卻得不到肯定呢？」

另外，會為公司的將來感到擔憂，則是因為覺得「市場策略不符合時代需求」、「只看到眼前的利益，沒有考慮到顧客的需求和將來的變化」等。

像這樣用「對或錯」來思考，只會造成意識的作用愈來愈強烈，把心裡的擔憂變成了事實，而覺得「自己完全不受肯定」、「身陷泥沼」。

這種時候，只要借助「無意識」的力量，事情就會朝截然不同於意識所假設的方向發展。

舉例來說，各位在面對工作時，是否也會不知不覺地拿自己和他人做比較，覺得「自己的能力應該只有這樣」呢？

和能力好的人相比，可能會覺得自己無法像對方一樣能幹而想要放棄，或是拚命想超越對方，結果把自己給累壞了，造成在工作上出紕漏，於是更加肯定「自己果然是個沒用的人」。

不過，這種「自己在〇〇方面不如他人」的事實，只是「意識」想像出來的。

如果覺得「自己在〇〇方面很厲害」，意識就會莫名地追求平衡，於是想像出「自己在其他〇〇方面不如他人」的事實。當意識的作用愈來愈強烈，到最後自己就會真的相信這樣的事實。

對於不擅長的工作，只要做得開心，就會愈做愈順手

如果借助「無意識」，事情將會有截然不同的發展。用「厲害或不擅長」來判斷，會像用「對或錯」來思考一樣，促使意識的作用愈來愈強烈。所以，這時要像前面提到的，避免啟動意識的作用，而是用「開不開心」來做為判斷標準，以激發無意識的作用。

以前，我一直覺得「要想辦法掩飾自己的弱點」，就算面對不擅長的工作，還是會想盡辦法去做。但因為我不知道方法，缺乏效率，到最後總是拖到必須加班，把自己搞得精疲力盡。

後來，當我借助「無意識」的力量，只做「開心」的事之後，就改變了想法，覺得：「既然我喜歡收集資料，何不做這個就好？」

當然，這時我的意識也會告訴自己：「喂、喂！這樣在別人看來，你不

就是在偷懶了嗎？」不過，當我決定「只做開心的事」之後，甚至開始對原本不擅長的工作產生了靈感。

這時，意識還是不死心，繼續告訴我：「糟了，你會來不及完成！」但我還是繼續「做我開心的事」。漸漸地，我開始覺得工作變得很開心，在收集資料之後，還想進一步利用這些資料完成工作。我覺得自己以前的工作方式「宛如被綁住了手腳」，而如今我終於掙脫束縛，可以用自在的方式完成工作。

後來，我再回頭看過去為不擅長的工作所收集的資料，都會覺得自己做得很棒，因此變得更有自信了。

以開心為判斷依據，連帶提升團隊能力

曾經有個人來找我諮商，他因為「業績始終沒有起色」而相當煩惱。他總是替客戶著想，覺得自己無法建議客戶簽下可能會有損失的合約，因此很多時候，原本都進行得很順利，卻在最後一步泡湯，無法順利簽約。

我一問之下才知道，他經常工作到一半，突然開始自我質疑，認為自己可能做錯了，因此愈想愈多。於是我建議他，可以試著借助無意識的力量。

聽從我的建議之後，他決定：

「既然我喜歡和客戶聊天，就這麼做吧。」

「我不喜歡簽約的場合，這個部分就麻煩同事好了。」

最後，同事替他簽到了價錢最漂亮的合約，讓他的業績終於有了起色。

有趣的是，到了下一次，換同事來拜託他：「我不太會跟客戶聊天打交道，這部分可以麻煩你嗎？」為了回報同事，他盡力地跟客戶聊天，順利為同事贏得業績。透過這種方式，他們的團隊表現有了出乎意料的提升。

以前，大家都認為「必須克服自己不擅長的事」，但是卻辦不到，造成團隊整體的成績停滯不前，大家都陷在一股低迷的氣氛當中。後來借助無意識的力量，情況有了轉變，現在每個人都能開心面對工作，成為一個不斷創造亮眼業績的團隊。

由此可知，透過「開心」為依據來借助無意識的力量，不僅自己會有所轉變，也能改變團隊的整體表現。

2 發表研究成果或重要簡報的前一天，一定要睡飽

無意識會在人睡著時，消化整理大量的資訊

各位是否也有這種經驗，在剛起床的時候，眼前的景象就像一格一格的電影底片一樣，以零點一秒的速度不停閃過。

我自己就有這種經驗。包括在公司和他人的對話、記憶中的工作行程、友人的笑容、和某個人對話等，許多景象目不暇接地快速在眼前閃過，讓人驚覺原來大腦可以在短時間內處理這麼多記憶！

等到完全清醒之後，大腦又恢復一次只能思考一件事的狀態。不過，偶

透過熟睡，借助無意識的力量！

爾像這樣觀察剛起床的大腦狀態，就能窺見它迅速處理大量情報資訊的能力。

舉例來說，你在整理好簡報資料後，還是很擔心隔天的簡報能否順利進行。這時，你只要趕緊睡覺，借助無意識的力量，隔天睡醒之後，不安的感覺就會完全消失。

這是因為無意識針對這些大量的情報資訊，做了完整確實的整理和消化，並且結合簡報資料，存進大腦的記憶裡。

人在清醒的時候，意識能處理的訊息量有限。不過，睡覺時，無意識卻可以在短時間內處理非常龐大的訊息。這時候最重要的，是相信自己一定做得到，否則無意識無法發揮作用。

覺得辦不到時，不妨借助無意識的力量

以下是一位女病患的例子。她在發表研究的前一晚，準備好的資料突然被室長推翻，但眼下已經沒有足夠的時間可以修改資料、重新演練和準備了。由於光是修改資料，就必須花費許多時間，所以她決定熬夜練習發表。

不過後來，她做了一個大膽的行動——把一切交給無意識！她相信自己的研究資料已經準備得相當充分，只要有這些資料，無意識應該可以將一切消化整理妥當，所以她倒頭就睡了。

隔天醒來之後，她重新瀏覽發表用的資料，發現自己全都記住了，甚至可以想像自己發表時的模樣。

事實上，她原本已經放棄了，覺得就算失敗也無所謂。後來透過睡覺，

交由無意識來消化整理，結果不但沒有失敗，就連之前有意見的室長也對她讚譽有加，成了她有史以來最完美的一次表現。

室長慰勉她：「後來練得很辛苦吧？」對此，她只是笑著回答：「是的，我想我做了非常多次的練習。」畢竟在夢裡，無意識應該真的反覆做了非常多次的排練。

無意識在睡夢中傳授簡報的方法？

另一個例子是，有位男子認為自己很不擅長在會議上發表。有好幾次，就算簡報資料準備得再完美，一到發表現場，他的腦袋就一片空白，無法表達想說的話，原本特地準備的資料，最後全都白費了。

面對每一次的發表，他總是以「我真的不擅長上臺發表」為由而拒絕。但由於沒有其他人會做簡報，他只好不得已接下任務。不過，無論再怎麼練習，他上臺時還是無法好好表現。

後來，他決定嘗試「透過睡覺，交給無意識來協助」。他抱著豁出去的心情，告訴自己：「一切就交給無意識吧！」然後把簡報資料放在枕頭邊，倒頭就睡。

接著，不可思議的事情發生了。平時在發表簡報的前一晚，他總是會擔心到無法入睡。不過這一次，他卻完全陷入熟睡。隔天早上醒來之後，也完全不會急著複習資料，只是莫名地覺得：「自己應該辦得到！」

終於到了發表的時刻。以前，他在上臺前總是會緊張到坐立難安，包括發表時也是一樣。但這一天，不曉得為什麼，一切進行得相當順利。

不僅如此，以前底下的人總是聽得意興闌珊，或許根本沒有人認真在聽。不過這一次，大家不但會認真點頭回應，甚至還做起筆記，讓他簡直不敢相信。最後結束時，大家甚至還給了他熱烈的掌聲。

這一次的經驗，讓他感受到無意識的神奇力量。他也終於瞭解，做簡報時必須要像這樣充滿自信才行。

這其實是無意識趁著他睡著的時候，把做簡報最重要的要點灌輸到他的大腦的緣故。

3 做了這些決定，壓力自然會消失

不用迎合周遭人的期待

人一旦感到不安，腦子裡就會浮現各種可能，例如：「可能會發生那種事」、「也可能會那樣」、「那個人可能會這麼說」等。這時，大腦會因應這些可能性，事先擬定對策。

不過，愈是針對心裡的擔憂來思考對策，就會發現愈來愈多「其他的可能性」，最後陷入沒完沒了的沮喪當中。

雖然有句話說「盡人事，聽天命」，不過，我們根本不知道該準備到何種地步，才算足夠。

其實，這只是因為意識的作用，造成不安的情緒產生，導致意識將擔憂變成了事實，才會覺得「怎麼做都應對不完」。

既然這樣，不如借助「無意識」的力量吧！要怎麼做才能關掉意識的作用，轉而啟動無意識呢？

要關閉意識的開關很簡單，**「只要不迎合周遭人的期待就行了」**。

「知道周遭人對自己的期待」，會促使意識產生作用。愈是順利完成工作、交出漂亮的成績單之後，人愈會感受到「周遭人的期待」。這都會變成壓力，讓人覺得「不開心」。

所以，**這時要試著告訴自己：「我完全不知道身邊的人在想什麼！」這麼一來，就能輕易切斷意識的開關，促使無意識發揮作用，以輕鬆的態度達到**

最大的成效。

告訴自己「我不知道身邊的人在想什麼」，或許會感覺有點孤單，但這麼一來，你不需要做多餘的事，還能睡得安穩，把一切交給「無意識」來幫忙。

而且，透過對自己這麼說而借助無意識的力量，就會知道「其實自己不需要這麼拚命」，也不會再感到不安了。

不用再像過去一樣拚命努力，卻能獲得讚美和肯定。而自己心知肚明，「我才沒有大家想的那麼努力呢！」

到頭來，沒有人會知道身邊的人在想什麼

有個女子因為「想交出讓客戶滿意的資料」而加班整理，甚至還把工作帶回家。

後來，當她把資料交給客戶，對方看完後臉色一沉，她馬上就瞭解意思，心裡湧現一股無名火，覺得：「我都已經這麼替你著想，準備最完整的資料了，這樣你還不滿意！」這種情況，據說不只發生過一次。

每次，當她詢問主管，自己究竟哪裡做不好，主管都會不斷挑她的毛病，讓她覺得自己的努力完全白費。到最後，她完全喪失了幹勁。

於是我建議她，把一切交給無意識。

後來她告訴我，當她告訴自己「我不知道身邊的人在想什麼」後，發現

自己過去在不知不覺間，一直承受著「客戶想看到完美報告」，以及「主管要求自己的業績要比任何人更好」的壓力。

因此，過去總是用心準備資料的她，改變了想法，覺得根本不需要特地從頭準備，只要拿以前的資料來用就行了。於是那一天，她草草地整理好資料，早早就回家休息睡覺了。

到了隔天，當她在向客戶做簡報時，不同於過去認真的態度，她感覺自己沒什麼幹勁。沒想到結束之後，卻獲得客戶的大力讚賞。雖然她在當場迎合對方的讚美，但心裡完全不知道自己為什麼會受到肯定，只覺得這一切簡直不可思議。那時候她才相信，「自己真的完全不懂大家在想什麼」。

4 起床後快速檢視當天的行程，工作就能像變魔術般完成

用無意識彙整一整天的情報

一般人或許會覺得，一早剛起床，根本不可能思考工作的事。大家都覺得工作是一種「負擔」，而且是「不開心的事」，只要一想到工作，心情就會變得沉重或是感到擔心。

之所以覺得「一大早不想思考工作的事」，是因為一想到工作，就激發了意識的作用，產生「又要被迫度過不開心的一天」的想法。也就是說，自己一整天都被意識牽著鼻子走。

這時，要試著關掉意識，改借助無意識的力量。

這麼一來，面對工作就會變得開心，事情也會變得順利許多。

關掉意識開關的方法，就是**一早起來，立刻確認接下來一整天要做的事**。

就像前面提到的，無意識會在人睡覺的時候產生作用，甚至剛起床時，無意識仍然處於劇烈活動的狀態。在這種狀態下，就算腦袋還不是很清醒，先確認自己一整天要做的事，大腦就會以非常快的速度一一整理及彙整。

就像以下這樣。

趁著剛睡醒時，馬上檢視這一整天的工作行程。只是這麼做，就能讓自己對上班充滿期待，到公司之後也能馬上進入狀況，開始工作。

就連一些過去會因為顧慮他人而無法專心的情況，也變得能夠專注在工作上了。

面對客戶時，可以專注在重點上，不會再語無倫次地偏離主題。

由於心情上不再緊張，就算突然有客戶來訪，也能沉穩應對。不會再像以前一樣太過顧慮對方的感受，而可以在短時間內就結束應對，繼續下一個工作。

等到回過神來，才發現已經是下班時間，而自己也完成了所有工作，可以準時下班。

有了這種經驗之後，你漸漸地會變得「期待睡覺」。不是因為累了想睡，而是期待在睡覺時借助無意識替自己整理訊息。換言之，就像小孩子一樣，會開始期待隔天的到來。

只要不經思索地看過一遍就行了

有個女子每天早上總是會賴床，爬不起來。

「如果我不喝咖啡，大腦就整個昏昏沉沉的，更別說要思考工作上的事！」她這麼說。不過事實上，她就算喝了咖啡，還是很想睡。

她每天的狀態如下。

一早到公司以後，開完麻煩的朝會，接著工作還沒做到預定進度，就到了中午。

午餐時間，她遲遲決定不了要吃什麼，想太久的結果，就是最後只吃跟平常一樣的東西，狼吞虎嚥地解決一餐。

吃完之後，她又開始想睡覺，大腦昏昏沉沉地無法思考，硬撐著接客戶的電話，心情變得愈來愈煩躁。

就這樣到了傍晚，她發現工作完全沒做完，才急急忙忙開始做事，最後還得繼續留下來加班。

對於每天都是這樣度過的她，我建議嘗試「借助無意識的力量」，一早起來立刻確認接下來一整天的工作。

雖然她似乎很想抱怨：「我不是說了嗎？剛起床時，我的大腦根本無法思考！」但在我解釋說：「只要看過一遍就好，什麼都不用想。」她才勉強答應嘗試。

第二天，她馬上試著在一起床之後，立刻確認當天的工作。明明只是什麼都不想地看過一遍，卻覺得「大腦動個不停」。

這時候，她的腦袋漸漸清醒，整個人開始迅速活動起來，就連化妝也一下子就完成，還吃了過去總是來不及吃的早餐。不僅如此，上班途中看報紙時，她不再像過去一樣在意身邊的人，能夠完全專心在內容上，而且一下子就記住重點。

後來她表示：「到公司之後就更神奇了！原本以為會花很多時間的工作，沒想到一下子就完成了。中午我和同事一起去用餐時，也毫不猶豫地快速決定要吃什麼，完全沒有浪費任何時間在選擇上。」

一些她原本以為會花很多時間、不太想做的工作，如今在動手後沒多久，一下子就完成了。等到所有事情都結束之後，正好就是下班時間，連她自己都嚇了一跳。就只是在一大早半夢半醒時看了一遍當天的工作，竟然有這麼大的轉變！

女子一整天的活動（工作篇）

早上起床後，先檢視手機上的工作行程。
專注！
利用通勤電車看報紙！
工作順利進行！
我先走囉！
準時下班回家

5 激發靈感的方法，就是做不動腦的事情

什麼都不想，只要單純反覆瀏覽就好

各位在缺乏靈感時，是否也會感到焦慮或坐立不安呢？

我也是一樣，在缺乏靈感時，不是拚命地想到什麼就寫什麼，急著趕快擠出點子；就是只想著「得想出好點子才行」，白白浪費時間，卻完全擠不出任何想法。

事實上，這是因為你想著要「趕快」、「得想出好點子」，激發了意識的作用，把心裡「可能想不出什麼好點子」的擔心，變成了事實。所以這時要借

助「無意識」的力量。

這個時候，無意識的作用就像便利的料理鍋一樣。什麼都不想地專心處理食材後，放入鍋子裡，蓋上蓋子加熱。慢慢地，香氣就會自然飄出，然後你就會知道自己煮出了一道美味佳餚。大概就是這種感覺。

我實際進行的方法如下。

當我需要靈感時，會先收集許多能激發靈感的素材，然後什麼都不想地反覆不斷瀏覽，告訴自己：「把一切交給無意識吧！」

在不斷反覆瀏覽的過程中，無意識會將接收到的訊息，以意識無法達到的速度，飛快地進行消化整理，最後激發出「靈光一閃」。

真的只要反覆瀏覽就行了嗎？

有個女子總是努力想為客戶提出好的企畫，卻始終想不出好點子，不知該如何是好。

就算找主管討論，得到的想法也都了無新意，讓她覺得完全吸引不了人。她自知繼續提出這種了無新意的企畫，客戶也不會滿意，必須想點新的創意才行，卻怎麼也想不出任何點子。

這個時候，她想到可以「借助無意識的力量」。

「只要把過去用過的資料和數據，拿出來重新檢視就好……」

她一邊告訴自己：「一切就靠無意識。」一邊不停地瀏覽資料。什麼都不想，就像看幻燈片那樣，一遍又一遍地看著同樣的資料。

這時候，她感覺大腦似乎有了動靜。明明沒有用意識思考，但隨著不斷瀏覽的過程，大腦卻開始不停閃過各種點子。

之後，她突然靈光一閃，「喔！這個點子或許不錯！」她嘗試動筆之後發現，靈感竟然源源不絕。「本來根本寫不出來的，後來竟然下筆如有神助！」讓她十分驚訝。

她急忙將這些點子彙整起來，在幾天後向客戶提案。客戶聽完之後十分滿意，以為她花了相當多的時間準備。

「其實我只是借助無意識的力量，根本沒有花什麼時間……」她心想。這次的經驗讓她知道，借助無意識的力量真的是一件相當神奇的事。

在意識作用的情況下，會因為「沒有想法」，誤將心裡的不安當成事實。

不過，**一旦「借助無意識的力量」，什麼都不想地反覆瀏覽，無意識就會**

將看到的資料，以及過去的經驗，甚至包括未來可能的訊息等，全部一併彙整消化，激發出「全新的靈感」。

各位要做的，就只是不停地反覆瀏覽就好。真的只要這樣就行了。

6 別想太多，一切交給無意識，就能輕鬆完成工作

做不動腦的事，無意識更容易發揮作用

各位是不是會覺得，什麼都不想地不停翻頁、用客觀的角度瀏覽數據，這麼做毫無意義呢？這種想法就是從意識產生的。

事實上，當你不停做著意識認為「沒有意義」的事情時，意識會漸漸停止作用。這時，無意識就會被啟動，引發「各種點子慢慢浮現」。

換句話說，**做不動腦的事情，無意識更容易發揮作用。**只不過，有些人可以輕易辦到，有些人卻辦不到。

對某些人來說，他會認為：「做不動腦的事，一點也不好玩！」於是做起事來心不甘情不願，最後導致這些不開心的事愈拖愈久。

相反的，可以透過不動腦的作業，將一切交給無意識的人，會發現「事情愈做愈快」、「漸漸有了新的想法」，不知不覺間，自己也跟著有了進一步的成長。

讓無意識帶著自己成長

有個男子因為每天的工作就是不停地組裝紙箱，很擔心這輩子就會這樣結束，於是來找我諮商。

雖然男子還有其他技能，但因為態度消極，不論做什麼工作，總是很快就感到厭煩，於是不停地換工作。最後找到的，就是如今組裝紙箱的工作。他的情況完全就是意識將他的擔憂一五一十地變成了事實。

於是，我建議他借助「無意識的力量」。

如果你想著「做這種工作，根本毫無發展」，或是「不曉得其他同事是怎麼看待自己的工作」，都會促使意識產生作用，把不安當成事實看待。

所以他決定試著什麼都不要想，把一切交給無意識，看自己的工作速度能有多大的轉變。

沒想到，原本他一直做得心不甘情不願的工作，竟然出現了變化。當他什麼都不想，漸漸就抓到迅速組裝的訣竅，後來速度比以前整整快了十倍以上。

甚至一旁的阿姨同事也開始學習他的方法，到後來竟然沒有需要組裝的紙箱了。

最後，主管詢問男子是否願意挑戰更難的工作，將他轉調去送貨。

面對新的工作時，男子一樣保持冷靜的態度，不去想：「萬一出差錯該怎麼辦？」只想著：「如果把一切交給無意識，不知道配送的速度可以提升到多快？」

很快地，男子的工作速度達到前任員工的三倍以上。他的表現受到公司的肯定，於是他又被指派去跑業務，負責拜訪客戶，說明公司的資料。

這時候，他依舊保持一樣的態度，只想著：「如果把一切交給無意識，不知道可以成功抓到多少客戶的心？」後來，客戶很快就對他留下深刻的印象，甚至還找他一起去打高爾夫球。

在打高爾夫球時，他一樣只想著：「如果把一切交給無意識，不知道可以打出什麼成績來？」這讓客戶覺得他是一個「有趣」的人，因此對他更加信任，讓他順利登上業績冠軍的寶座。

於是，公司又指派他去擔任業務主管……就這樣，男子一步一步地往上晉升。

他表示，現在偶爾再見到以前一起組裝紙箱的阿姨同事時，他已經可以說出「好懷念過去一起工作的日子啊！」這種話了。

從這個例子可以知道，面對任何工作時，只要想著：「不知道無意識可以把自己帶到什麼地步？」其他什麼都不想，神奇的事情就會發生！

7 透過「自我誇獎」，讓自己隨時充滿幹勁

趕走誤把擔憂當成事實的意識！

很多時候，當人發現自己失敗時，都會在心裡責怪自己、否定自己。想愈多的人，愈會把注意力放在錯誤上，不論對自己或他人，都只會一味地挑毛病，不斷削弱幹勁。

意識會讓自己相信，事實就是「自己是個沒用的人」、「再怎麼努力，也不會有任何改變」。所以，當自己跟另一半抱怨「我又失敗了」時，就算對方鼓勵自己：「你已經很努力了。」自己也會覺得：「這只是安慰我的說法而已，

事實根本不是如此。」

甚至對方好心安慰時，自己想的卻是「我這麼拚命賺錢，你卻只會亂花，還有臉說這種不負責任的話」等過分的念頭，搞得自己心裡不舒服。

這種時候，不妨改變想法，告訴自己：「只要趕走不安的念頭，說不定就能借助無意識的力量，為自己帶來開心的事實。」

意識喜歡的是「挑毛病」和「自以為是」。

既然如此，只要別這麼做，改為「誇獎」、「不妄下判斷」，說不定就能趕走意識，迎向無意識的神奇世界？

這時候，你可以沒來由地誇獎自己，隨時告訴自己：「你做得很好！」「非常棒！」不要讓意識有機會出現「才沒這回事！」的念頭。

漸漸地，你的內心會開始產生自我肯定，例如：「你做得非常好！」「自己是最棒的！」等。這就表示，「意識」已經被這些誇獎的說法趕出內心，開始啟動「無意識」的力量了。

面對他人時也一樣，當你對他人的行為開始有意見，例如：「這樣別人根本不懂！」「客戶根本不會接受這種作法」等，就要告訴自己，這是意識發揮作用的關係，只要試著誇獎就行了，例如：「做得非常好！」「不錯喔！」

只要試著誇獎自己，例如：「我真厲害！」「我做得很好！」透過這種方式趕走意識，你在面對家庭或工作時就不會再提不起勁，隨時都能「充滿幹勁」，不再讓家人或同事看見你的弱點。

不可思議的是，一旦你成功隱藏弱點，他人就會開始表現出尊重的態度，你自己也會不吝於給予對方肯定和誇獎。如此一來，你和周遭人就會慢慢建立起正面的關係，甚至你自己也會變得更有幹勁，無論面對工作或家庭，都會感到開心、快樂。這一切都是無意識的功勞。

打跑「意識」之鬼，迎來「無意識」之福

有個女子一直覺得自己「個性容易緊張，所以公司裡的人都看不起她」、「外貌平凡，得不到任何人的注意」、「不管做什麼，一切都不可能改變」。回到家後，這些想法依然占據她的心頭，只要一想到公司裡讓人討厭的事，心情就不好，不停地挑自己的毛病，覺得自己很沒用。

於是，她開始試著「誇獎自己」，希望可以借助無意識的力量。任何人在一開始試著誇獎自己的時候，例如：「自己很棒！」「做得很好！」等，都會覺得：「才不是這樣！我根本一點也不好，什麼也沒有改變。」因此變得意興闌珊，懶得繼續誇獎。

若要比喻，就像「意識」之鬼阻擋了「無意識」之福降臨一樣。所以，這時就要用大喊「鬼出去、福進來！」的方法，強迫自己說出意識討厭的話，

例如：「我很棒！」「我可以變得跟以前完全不一樣！」

以案例中的女子來說，她每天早上起床後，就立刻在心裡對自己說：「心情真好！」「今天應該可以完成許多工作！」然後她整個人就會莫名地充滿了幹勁。

她之所以會有這種感覺，是因為比起意識，無意識取得了完全的優勢，能夠阻止大腦將不安當成事實看待。

到了公司之後，她同樣繼續對自己正面喊話，例如：「說不定大家都在注意我！」「大家應該都很期待我的表現。」

想到這裡，她自然就充滿了信心。原本從來不曾在化妝間補妝的她，現在也開始隨時補妝了。

久而久之，同事都讚美她：「妳變了耶！」而她也變得能夠很自然地誇獎身邊的人，例如：「沒有啦！是大家都變得更棒了。」面對這樣的轉變，連她自己也嚇了一跳。

後來，大家開始會找她討論事情、信賴她，甚至還找她一起參加聯誼活動，讓她覺得自己真的變得更有吸引力了。

像這樣透過誇獎自己，擊退誤把不安當成事實的意識的方法，各位一定要試試看！

無意識
說不定我其實很棒！我應該可以改變自己！
意識
快逃啊！
強迫對自己說一些意識不喜歡聽的話。

8 總是無法擺脫意識的人，不妨試著想像不可能發生的失敗

哪些情況離譜到連意識都無法應對？

因為害怕被拒絕，「乾脆先假想被拒絕的情況」，最後果然被拒絕了。之所以會有這種情況發生，全是因為意識把擔憂當成了事實。

愈是想像失敗，心裡愈會感到不安，使得意識的作用愈來愈強烈，導致在對方面前說出不必要的話，最後「想像成真」。在旁人看來，或許會覺得，「你要是不說那些不必要的話，就沒事了！」「明明直接把話說清楚，就不會被拒絕了！」但是對當事人來說，由於意識完全把不安當成事實，才會出現

「說了不必要的話」、「無法好好把話說清楚」的情況。

怎麼樣都無法擺脫這種內心不安的人，不妨可以試試跟前面提到的「自我誇獎」完全相反的方法，也就是透過想像「徹底失敗」來引發無意識的作用。也就是**想像最糟糕的情況，然後告訴自己：「說不定還是有辦法可以解決。」這麼一來，意識就不會產生作用了。**

雖然意識會想像各種情況並確實思考對策，卻又會刻意無視於對策，把心裡的不安當成事實。

但如果是「最糟糕、最糟糕」的情況，意識就無法思考對策，便會停止作用，改由無意識上場。這時候，無意識就會帶來「意想不到的完美結果」。

想像「在客戶面前全裸跳舞」？

有個男子每次要拜訪企業客戶時就很緊張，不知該如何是好，於是來找我尋求協助。

對男子來說，面對自營業的客戶不成問題，但只要是企業客戶，他就會開始擔心：「萬一說明得不夠清楚，該怎麼辦？」「萬一說了不該說的話，被對方反駁，該怎麼辦？」當然，他都會想好因應對策，不過當狀況真的發生時，卻只會緊張到不知所措，腦筋一片空白。之前的準備完全都白費了。

男子為此煩惱不已，甚至還跑去參加自我啟發的課程，接受「想像成功」的訓練。但結果還是不如預期，只覺得「就算想像成功，還是會不由自主地想到失敗」。

他也試過強迫自己在面對客戶時，心裡想像著成功。但情況根本與想像中不符，最後還是一步步走向失敗。

於是，我請他試著「想像幾乎不可能發生的失敗」。最後，他想像出一個非常誇張的情況，那就是：「自己突然發瘋，在客戶面前脫光衣服，跳起舞來！」

我請他想像自己在客戶面前做出這種連我都覺得絕對不可能發生的舉動。這時，他突然覺得，說不定只要這麼做，就能得到客戶的歡心。

一開始他因為害羞、放不開，感覺客戶好像在看什麼不該看的東西一樣。後來，當自己拋開猶豫，脫掉衣服，盡情地吆喝舞動，就感覺變得充滿了自信，也抓住了客戶的心（以上全都是男子的想像）。

這時候，不可思議的事情發生了。過去那些「說不定簡報沒辦法讓客戶滿意」、「萬一準備的資料，不是客戶想知道的，該怎麼辦？」等擔憂，現在想來都覺得不再重要了。

就算真的在客戶面前表現得不如意，但只要想到自己全裸跳舞的畫面，就能「充滿自信地笑著面對」，相信客戶會對自己很滿意。想像幾乎不可能發生的最糟糕的失敗，是一種擺脫意識的聰明方法。

9 擺脫「不擅長」的想法，避免錯誤一再發生

拋開「我不擅長……」的想法！

我一直覺得自己很不擅長在他人面前寫東西，有時候在銀行，當櫃員要我填寫資料時，我總是會寫錯，在櫃員面前出大糗。

就算身邊沒有人，但光是要在指定的框格內填入住址或姓名，也會讓我產生「不能寫錯」的壓力，導致最後又寫錯。這種對某件事感到棘手、不擅長的感覺，真的令人十分困擾。

抱著這種「對某件事不擅長」的想法，等於在激發意識的作用，讓意識

將「因為不擅長，應該會失敗」、「因為不擅長，應該會寫錯」的擔憂，全都轉變成事實。

但如果要自己別這麼想，反而又會促使意識更往失敗的方向前進，很容易就更加認定自己絕對無法克服這種念頭。

這種時候，不妨可以試著消除「不擅長」的念頭。只要給自己某些「暗示」，讓意識停止作用，無法使失敗發生，你自然就不會再覺得自己不擅長了。

自我暗示的方法就是，當你覺得「這個我不太會」時，就告訴自己：「這只是一種讓我謙虛的想法而已。」

以剛才的例子來說，在他人面前填資料時，一旦覺得「我不太會」時，我就會告訴自己：「這只是一種讓我謙虛的想法而已。」

一旦這麼想，緊張的感覺就會消失，寫起字來也會順暢多了。說白了，這就是利用現代催眠治療的「改觀」（reframing）手法，也就是改變想法，重新看待。

之前由於一直想著：「萬一寫錯了該怎麼辦？」造成大腦陷入恐慌，愈來愈緊張，最後導致失敗。但是透過這種方法，可以讓大腦在不知不覺間冷靜下來，告訴自己：「我應該可以好好地把每個字都寫對。」這實在很神奇。

一旦態度變謙虛，主管看起來就只是個平凡的大叔

有個女子很害怕跟主管單獨一對一說話。

只要一面對主管，她就會開始緊張，腦袋變得一片空白，完全記不住自己被交代了什麼工作。

因此，她總是無法完成工作，惹得主管經常對她發脾氣。這讓她更緊張，也讓主管以為她是在耍脾氣，到最後，女子和主管的關係愈來愈惡劣。

女子心想，再這樣下去，自己恐怕很快就會丟了飯碗。於是她決定嘗試自我暗示的方法，告訴自己：「這只是一種讓我謙虛的想法而已。」

一開始，她似乎還不太理解「謙虛是指什麼」，但還是硬著頭皮去嘗試。只要一想到「不想面對主管」，她就告訴自己：「這只是一種讓我謙虛的想法而已。」

不可思議的是，當她這麼想時，原本緊張的感覺竟然就消失了。

當主管在指派工作時，她就在心裡不斷告訴自己：「這只是一種讓我謙虛的想法而已。」接著，她突然覺得主管只是一個平凡的老頭而已，感覺就像面對電車上的中年上班族一樣自然，再也不會因為漏聽什麼而感到緊張了。

以前面對主管時，她總是戰戰兢兢地告訴自己：「一定要好好聽主管說了什麼。」但因為過度緊張，最後什麼都沒聽到，反而弄巧成拙。後來，自從她覺得「主管只是個平凡大叔」之後，就不再感到緊張，很自然地記下了主管交代的事，輕鬆完成工作，再也沒有出過任何紕漏。

女子覺得十分不可思議，不過就是一句話，為什麼自己對主管的感覺會完全改觀？對於她的疑問，答案其實很簡單。

如果一直覺得自己「辦不到」，意識就會不斷告訴自己：「一定要想辦法克服！」

相反的，如果告訴自己：「這種覺得辦不到的想法，只是為了讓我變得謙虛。」關鍵就變成「是誰改變了自己的想法」，而答案就是「無意識」。

過去「一定要想辦法克服」的想法，是基於意識的作用。然而，透過「這種覺得辦不到的想法，只是為了讓我變得謙虛」的說法，很自然地會把一切交給無意識，讓無意識為自己帶來有別於過去由意識帶來的世界。對案例中的女子來說，就是「主管不過是一個平凡的大叔」。

10 找到自己可以專心提升成果的場所和固定流程

透過固定流程，啟動無意識的開關！

思緒打結的時候，即便告訴自己必須集中注意力完成工作，大腦還是會飄到其他不重要的地方，例如：「不知道對方是怎麼看我的？」於是愈想愈認真，等到回過神來，時間已經悄悄地被白白浪費掉了。

像這樣愈想著要「專心」或「做出成績來」，意識就會將心裡的擔憂，例如：「我恐怕沒辦法專心」、「可能無法交出滿意的成果」等，全都變成事實。於是讓人覺得自己很沒有用，只會浪費時間，最後才來臨時抱佛腳。

這種時候，**不妨可以試著回想過去專注完成工作、交出成果的經驗。**

想想看，自己在集中注意力完成工作之前，究竟做了什麼事？

然後把想到的答案「變成一套固定流程」，就行了。

有個知名棒球選手，每次站上打擊區，一定會先將球棒垂直放下，然後直挺挺地舉起，指向投手的方向。

這就是「固定流程」。

藉由把注意力專注在固定流程的「動作」上，可以關掉所有意識的念頭，像是：「投手說不定會故意激怒我？」「他說不定會投觸身球？」改而切換成無意識的狀態，最後才有辦法敲出漂亮的全壘打。

以我的情況來說，當我想專心寫文章時，就會先點眼藥水，然後戴上耳塞。透過這樣的固定流程，啟動無意識，讓原本思緒繁亂的大腦冷靜下來，我才有辦法專注寫作。

另外，當我在進行諮商、必須做出結論時，會「活動右手手腕，做一點放鬆手部的動作」。透過這種固定流程，把注意力集中在活動的手指頭上，藉此關閉意識，尋求無意識的協助。

每當這麼做，我就能感覺靈感源源不絕地浮現。真的很不可思議。

過去用意識思考時，就算想破頭，我也擠不出半點想法。後來只要透過「活動手腕，把注意力專注在手指頭上」的固定流程，靈感自然就會浮現。

過去交出漂亮成績單時，自己究竟都做了什麼？

有個男子的業績遲遲不見起色，讓他每天都十分焦慮。

於是，他決定嘗試找出「過去成功時的固定流程」。

只不過男子一直想不到「自己過去成功時的行為」，我就請他先想像現在自己交不出成果時的模樣。

男子想像中的自己，一副駝背的樣子，說起話來畏首畏尾、缺乏自信。連他也覺得這副德性根本不可能有什麼好的工作表現。

接著，我再請他想像「終於交出漂亮成績單」時的自己。他告訴我，這回他看到的自己，「抬頭挺胸，臉上充滿自信」。於是，我請他稍微往前倒帶，回到帶著自信表情之前，觀察當時的自己。他發現，自己閉上眼睛，整個頭往後仰、靠著椅背，深深地做了三次深呼吸。

於是，他當場實際做這些動作之後，發現之前消極、缺乏自信的感覺，竟然完全消失了！他馬上將這個方法套用在工作上。

後來，男子在和客戶見面之前，都會挺直背脊，整個頭往後仰，對著天空做深呼吸，透過這樣的動作重新振作心情。

不僅如此，現在面對客戶時，他已經可以充滿自信地介紹公司的商品，再也不會感到緊張了。漸漸地，他對自己愈來愈有信心，客戶也紛紛被他說服買單，讓他的業績終於有了起色。

11 利用錨定效應，讓自己在商務談判中得利

在關鍵時刻，善用無意識的力量

雖然借助無意識的力量，可以讓自己愈來愈有信心，但只要一個不留意，意識立刻就會趁虛而入，打擊你的信心。

舉例來說，在商務談判的過程中，如果一心想著「得趕緊讓客戶簽下合約才行」，一旦客戶的反應完全不如預期，自己就會愈來愈慌張、焦慮，最後說出「請讓我稍微考慮一下」、「請讓我回去好好想想」等對方最不想聽到的說法。這種「得趕緊讓客戶簽下合約才行」的想法，背後隱藏著「萬一辦不

到，客戶就會跑掉」的擔憂。這時候，意識便會將這種擔憂「如你所願地變成事實」。

既然如此，在關鍵時刻，何不善用無意識的力量呢？

這時候，你可以利用所謂的「錨定效應」方法。當船隻準備停靠在定點時，必須放下船錨，使船隻不被海浪沖走。

錨定效應的作法非常簡單，首先，請各位先回想「自己表現優異的情況」。例如，在某一場排球比賽當中，自己凝聚團隊的士氣，成功贏得勝利。這時，請各位觀察一下當時的自己。

你會發現「自己的眼神不一樣！」「臉色紅潤，表情變得認真！」「汗水直流，卻絲毫不以為意」等。

透過仔細觀察，你會漸漸進入當時的自己，感受到當時的感覺，例如：

「心跳加速，但完全不緊張」、「內心不斷湧現一股正在燃燒的熱情」。當你感受到這種感覺時，請將左手慢慢地輕輕握拳。

接下來，對著握緊的左手告訴自己：「我隨時都能回到這種狀態。」然後慢慢放開握緊的手。

將這種方法用在商務談判的關鍵時刻，就成了以下的情況。

首先，慢慢握緊左手。

過去，你就是在這種時候失去自信，才說服不了客戶。但這時，你內心湧現一股神奇的堅定意志，突然能夠看穿客戶的下一步。於是，你冷靜地看出客戶的需求，提供確實的因應對策，讓客戶爽快地簽下合約。這一切的過程，讓你不禁覺得實在太神奇了！

仔細想想後，你會發現這種情況就和排球比賽一樣。**你明白，自己那種充滿自信、永不放棄地激勵隊友、專注在球場上的感覺，正是無意識帶來的力量。**

錨定效應會讓人看見真正的原因

有個男子因為自己的企畫總是得不到公司的肯定，感到非常煩惱。雖然他提了好幾個企畫，但全都被上司以「了無新意！」「一般人不會接受這種創意！」等說法給退回。到後來，他只能協助同事的企畫，永遠無法自己立功。

於是我建議他，可以試著使用「錨定效應」的方法。

當我要他回想「成功經驗」時，男子腦袋裡浮現的，是以前自己和哥哥拿成績單回家時，比起哥哥的滿江紅，自己的成績優異許多，母親不僅投以溫柔目光，還用溫暖的手拍拍自己的頭，給予肯定。男子回想當時的情景，仔細觀察自己臉上的神情。

漸漸地，他進入當時自己的內心狀態，感受到被溫暖包圍的感覺。他回想著這股感覺，輕輕地握緊左手，在心裡告訴自己：「我隨時都能回到這種狀態。」然後慢慢鬆開左手，睜開眼睛。這時的男子，因為回想起母親的溫柔和溫暖，眼淚幾乎都快流下來。

事不宜遲，男子立刻將這股感受運用在工作上。當他在思考企畫案時，先慢慢地握緊左手。

這時，他感覺到靈感源源不絕，下筆如有神助。在這個過程中，他也發現或許自己過去的問題並不是企畫本身不好，而是做簡報時出了問題。

於是，在下一次向主管做簡報之前，他先試著慢慢握緊左手。他感覺到自己變得不再緊張，說話也不會結結巴巴了。

他以前總是擔心著：「不曉得主官又會怎麼挑毛病。」因此做簡報時毫無自信。不過現在，他一邊握緊左手，一邊做簡報，讓他感到充滿自信，說起話來也變得表達流暢。簡報結束之後，主管終於給了他肯定的讚美。

透過錨定效應所喚醒的安全感，不僅讓男子發現問題的真正原因，甚至為他帶來了自信。

12 透過挑動對方的無意識，激發團隊鬥志

想像不存在的東西，激發對方的無意識

無意識這種東西，只有自己善用當然很好，但如果可以讓整個團隊都借助無意識的力量，得到的將會是加倍的快樂。

請各位想像團隊合作完成企畫的情況。舉例來說，假設你在朝會上向下屬宣告：「為了不造成客戶的困擾，讓我們一起在期限內完成企畫吧！」

這時候，「嚴守期限」和「別給客戶造成困擾」等說法，會促使意識產生作用，將擔憂變成事實，導致「發生意料之外的突發狀況」、「期限太趕，果

然來不及完成」等情況發生。

為了避免如此，各位可以在會議上先重整團隊成員的想法，喚醒每個人的無意識。

「常識」和「現實」會強化意識的作用。相反的，「異常」和「非現實」等，則會激發無意識。

具體來說，如果想喚醒團隊的無意識，可以要求大家想像「不存在的東西」，或是「不可能發生的事情」。

以上述的朝會發言為例，可以改成這麼說：「我們一起讓那些認為我們一定趕不上期限、看不起這個團隊的客戶，刮目相看吧！」也就是讓團隊成員想像「客戶驚訝的表情」，藉此擊退意識，改由無意識來主導。

甚至還可以進一步說：「各位可以從現在就開始想像，那些無法參與這個團隊、只能在慶功會上聽著我們的驕傲而感到羨慕的人，他們臉上的表情！」或是對於「盡快完成企畫案後，大家一起舉杯慶功的畫面」的想像，藉此激發大家的無意識，產生「工作比預期進行得更順利」的自信想法。

無意識可以改變「交不出成果的團隊」

有個男性主管底下有一群不會做事的下屬。聽到我說的方法之後，男子興奮地想回去試試看。

在以前，由於下屬做事慢吞吞，所以他總是自己一肩攬起所有工作，只把下屬當打雜使喚，導致工作遲遲沒有進展。不僅團隊不受公司肯定，自己的評價也一直停滯不前。

於是，男子決定嘗試「想像不存在的東西」的方法。

在交代下屬工作時，他告訴對方：「部長一直都在注意你的表現，似乎對你很肯定唷！」

之後，原本總是很快就遭遇困難、前來尋求協助的下屬，這回不但完全沒有求助，甚至在不知不覺間就完成了工作，讓男子十分驚訝。

於是他又告訴對方：「哎呀！部長一直都很看好你的能力呢！」下屬聽了之後，又樂得立刻繼續投入下一個工作。

後來，男子用同樣的方法對另一名下屬，告訴對方：「如果你能完成這份工作，客戶一定會讚譽有加，想知道是誰做出這麼棒的商品。」

果不其然，以前總是半途而廢的下屬，在聽到這些話之後，突然開始認真地收集資料、努力做事，最後交出不同於過去的優異成果。

漸漸地，男子不再需要代替下屬完成工作，這讓他感到難以置信。而且，每個人的工作表現幾乎都非常優秀，令他十分驚訝。

以前他總是以為自己團隊的辦事能力不好。但自從他激發了團隊成員的無意識之後，整體表現有了起色，他也多了許多自己的時間。後來男子開心地表示，「這種善用團隊無意識的方法，我已經用上癮了！」

結語

非常感謝各位閱讀到最後。

看完以上的內容，各位對無意識的世界有什麼想法呢？

藉由無意識而獲得改變的人，都有一個共通點。

那就是，他們都不覺得「自己變了」。因為靠無意識生活的自己，就是本來真實的自己。一切的改變，不過只是「變回原本的自己」罷了。所以對當事人來說，才會不知道自己究竟哪裡變了。

雖然不覺得自己有改變，但一旦懂得善用無意識之後，都會產生一種感覺是：「怎麼身邊的人都變得不一樣了？」

以前從不幫忙的下屬，變得會主動協助，感覺「比以前更積極面對工作」、

「團隊合作的情況跟以前截然不同，工作效率變得非常好」。

當然，不只是工作，當自己借助無意識、獲得解脫之後，甚至會覺得以前只會說難聽話的另一半，如今變得溫柔許多。

原本無論自己怎麼努力，也得不到對方絲毫的溫柔。現在明明一句話都沒說，對方卻會主動示好。

另外像是，雖然希望得到孩子的尊敬，一旦孩子的態度太差，就會被氣得怒火中燒。然而，自從開始借助無意識的力量之後，會發現「孩子變得會主動問好」、「過去不曾吐露的事情，如今都會來找自己討論了」等轉變。不知不覺間，家人的相處變得更融洽了。

一個人的無意識會擴及影響到身邊的人，使得他們漸漸轉變。看著這些轉變，你會明白自己的改變連帶也使身邊的人變好了。這就是借助無意識來面對生活的好處。

當你發現這樣的轉變愈來愈多，你所生活的世界也會一步步變得愈來愈輕鬆。

一開始，我之所以決定要借助無意識的力量，是因為過去我用意識思考時，擔心的事愈想愈多，到最後，意識甚至將這些擔憂全都變成了事實。

後來，只要我借助無意識的力量，不僅擔心的情況消失了，事情甚至會出現意外的展開，讓我樂此不疲。於是漸漸的，我開始想讓大家都能瞭解無意識的力量，並懂得善用。

雖然我也會覺得，這是我付出很大的代價才找到的方法，大家卻理所當然地坐享其成，實在不公平。不過很奇妙的是，只要一想到可以讓大家都懂得運用無意識而獲得解脫，我就開心得藏不住笑容。

隨著我的笑容，不知不覺間大家也跟著展露笑容。

有個女子因為無法在工作上發揮所長，不知該如何是好，前來尋求我的協助。

我原本以為只要想辦法讓她在工作上發揮能力就行了。沒想到，她接著又提出許多問題，例如：「同事連事情都做不好，態度卻囂張跋扈，讓人看了就生氣！」「被沒用的主管使喚來使喚去，根本沒辦法專心工作」等。

不僅如此，她緊接著又連珠炮般不斷抱怨，包括：「下班回到家之後，隔壁家的噪音吵個不停」、「鄰居的態度都很惡劣」、「先生不但小氣，講話又難聽，一點也不懂得體貼，糟透了」等。

我請女子將這些問題一一寫在小卡上，最後累積成一疊厚厚的卡片。接著，我請她一張一張地把卡片上的內容唸出來，例如：「無能的主管一點都不瞭解我的能力，反而偏袒沒用的同事，實在讓人氣不過！」

因為卡片實在太多張，等到全部唸完，諮商的時間也結束了。

最後我便從本書提到的「借助無意識的方法」中，選一項傳授給她，請她回家之後立刻開始嘗試。

後來過了一個星期，當我們進行第二次諮商時，我發現她的問題小卡的數量稍微變少了。但她卻說：「什麼都沒有改變。」於是，我又教她另一個「借助無意識的方法」，請她回家嘗試。到了再下一次諮商時，連她自己也發現小卡的數量足足少了一半，讓她開始感到有點開心。

後來聽她唸著問題小卡時，已經不會再聽到「無能的主管」、「沒用的同事」等之類的說法了。這似乎是因為主管和同事都開始會協助她完成工作，比起以前，現在的她更能全心全意在工作上發揮所長。

一開始厚得像「百萬圓紙鈔」那麼多的問題小卡，透過借助無意識的力量，最後只剩下少數幾張。

女子的臉上也開始看得見朝氣，浮腫的情況也在不知不覺間消失，整個人變得更年輕了。

而她用開朗的笑容說著「可是我什麼都沒有變啊！」的神情，更是讓人印象深刻。

無論是先生還是同事，大家都說她變年輕、變漂亮了。不過，她卻笑說自己沒有什麼改變。看到她的樣子，我突然想起自己小時候的經驗。

有一天傍晚，我和朋友在公園裡玩鬼抓人。我們輪流當鬼，互相拚命追逐，開心地笑個不停。那時候我心想，如果時間可以一直停留在開心的這一刻，該有多好。

說不定就像那時候的天真玩耍一樣，意識因為希望可以和無意識輕鬆自在地一起玩，才會扮演製造問題的鬼。

當我們借助無意識的力量，意識和無意識就開始開心地彼此追逐。在這個過程中，問題也跟著一個一個消失。

先是意識拋出問題，大喊：「換你當鬼！」然後開心地被無意識追著跑。

當無意識抓到意識、解決問題之後，又換意識當鬼，追著開心的無意識跑來跑去……

我看到女子的笑容時，這樣的情景逐漸在我腦中浮現。

意識和無意識相處得愈自在，女子也漸漸找回真實的自我。

沒錯，就像小時候天真玩耍一樣，可以和意識一直繼續玩下去，直到忘了時間的存在。

連帶地，女子身邊的人也變得更輕鬆了。各位也可以辦得到。

一旦自己改變，身邊也會跟著有所轉變。無意識的世界，真的非常美好！我希望有更多人可以在看完這本書之後，也體會到這種感受。若真能如此，將會是我最開心的一件事。

不是你做不到，而是你想太多！
——啟動無意識的力量，發現更厲害的自己
「気にしすぎてうまくいかない」がなくなる本

作　　者——大嶋信賴
譯　　者——賴郁婷
封面設計——張巖
內文設計——劉好音
特約編輯——洪禎璐
責任編輯——劉文駿
行銷業務——王綬晨、邱紹溢、劉文雅
行銷企劃——黃羿潔
副總編輯——張海靜
總 編 輯——王思迅
發 行 人——蘇拾平
出　　版——如果出版
發　　行——大雁出版基地
地　　址——231030 新北市新店區北新路 207-3 號 5 樓
電　　話——（02）8913-1005
傳　　真——（02）8913-1056
讀者傳真服務—（02）8913-1056
讀者服務 E-mail— andbooks@andbooks.com.tw
劃撥帳號 19983379
戶　　名 大雁文化事業股份有限公司
出版日期 2024 年 6 月 再版
定　　價 350 元
ISBN 978-626-7334-85-0

First published in Japan by ASA Publishing Co., Ltd., Tokyo

This Complex Chinese edition is published by arrangement with ASA Publishing Co., Ltd., Tokyo in care of Tuttle-Mori Agency, Inc., Tokyo through Future View Technology Ltd., Taipei.

國家圖書館出版品預行編目資料

不是你做不到，而是你想太多！：啟動無意識的力量，發現更厲害的自己／大嶋信賴著；賴郁婷譯. – 再版. – 新北市：如果出版：大雁出版基地發行, 2024. 06
面；公分
譯自：「気にしすぎてうまくいかない」がなくなる本
ISBN 978-626-7334-85-0（平裝）

1. 無意識 2. 自我肯定

176.9　　113006088

如果